POGAČNIK · DIE ERDE HEILEN

D1678124

Marko Pogačnik

Die
Erde
Heilen

Das Modell Türnich

Mit Fotos von Dušan Podgornik
und Zeichnungen des Autors

EUGEN DIEDERICHS VERLAG

Mit Fotos von Dušan Podgornik
und Zeichnungen von Marko Pogačnik
Lektorat: Hanna Moog

CIP-Titelaufnahme der Deutschen Bibliothek
Pogačnik, Marko:
Die Erde heilen: das Modell Türnich / Marko Pogačnik.
[Mit Fotos von Dušan Podgornik]. – 2. Aufl. – München:
Diederichs 1991
  ISBN 3-424-00991-1

2. Auflage 1991
© Eugen Diederichs Verlag, München 1989
Alle Rechte vorbehalten
Umschlaggestaltung: Marko Pogačnik
Produktion: Tillmann Roeder, München
Satz: Uhl+Massopust, Aalen
Druck und Bindung: Kösel, Kempten
ISBN: 3-424-00991-1
Printed in Germany

INHALT

VORWORT

Es gibt zwei Wege, die zu diesem Buch führten.

Von einer Seite bestand ein Bedarf, den Vorgang meines Werkes in Türnich dadurch abzurunden, daß alle seine Aspekte in ein Ganzes eingegliedert werden. Das geschieht wohl, indem die Geschichte des schöpferischen Prozesses schrittweise erzählt wird.

Von anderer Seite bestand ein Drang, das Modell der Heilung, das in Türnich erprobt wurde, der Öffentlichkeit zu vermitteln, da sich die Umweltkrise potenziert und damit die Suche nach Möglichkeiten zunimmt, die traurigen Umstände zu verstehen und letztlich zu heilen.

Das Buch ist so geschrieben, daß es ausgewogen beiden Bedürfnissen entspricht. Einerseits werden durch die Erzählung die Grundrisse des künstlerischen Werkes aufgezeigt. Andererseits werden die Beweggründe, die hinter den einzelnen Aktionen stehen, so weit erläutert und die angewandten Methoden so genau beschrieben, daß sie anderen bei der eigenen Suche oder Tätigkeit hilfreich sein können.

Durch das Buch hindurch sind meine Mitarbeiter erwähnt worden in der Absicht, daß jede dieser Erwähnungen als eine herzliche Danksagung erklingen möge. Ich möchte sie hier noch einmal nennen: Irene Lutz, Marion Gräfin Hoensbroech, Axel Froneberg, Dušan Podgornik, Vladimir Vuga, Christa Marianne Langen, Norbert Seiler, Yvonne Trubert, Philippe Evrard, Marie-Thérèse Gräfin d'Oultremont, Marika Pogačnik, Berthold Leendertz, Irène Delaroyère, Pieter Schwarze, Mary Bauermeister und Godehard Graf Hoensbroech.

Es gab aber noch andere, die bei der Verwirklichung halfen, wie Hildegard und Helmut Lingemann, Cecily Corti, Katharina Louis, Theo Tillenburg, Peter und Stephan Köllen, Manfred Stienen und die Zivildienstleistenden Peter Hartz, Alexander Over, Gerd Papke, Tjards Wendebourg und Peter Udelhoven.

Besonderen Dank Ulf Diederichs, der mich zum Schreiben des Buches bewegte, und Hanna Moog, die mein slowenisch erspürtes Deutsch in Hochdeutsch umgewandelt hat.

Schloß Türnich, im Juli 1989   MARKO POGAČNIK

*Schloß Türnich mit
Schloßkapelle (rechts)*

EINE SCHLOSSKAPELLE
WIRD ZUR OFFENBARUNG

Zwei gewaltige Gegensätze prallten aufeinander, als ich das erste Mal den geräumigen Hof des Schlosses Türnich betrat: einerseits der doppelte Wasserring um das Schloß herum – augenblicklich wurde ich mir der Beziehung zum gefühlsmäßigen Wasserelement bewußt. Das Element Wasser empfinde ich als eine wesentliche Ergänzung zu dem »trockenen« verstandesmäßigen Element, auf das sich die ganze moderne Kultur stützt, jene Kultur, die den Planeten ja mit einer ungezügelten Verwüstung bedroht. Das heilende Wasser – meine Augen lächelten.

Auf der anderen Seite das leere Schloßgebäude inmitten der Wasserringe: mit mächtigen Eisenschrauben zusammengehalten stand es da in seiner spätbarocken Würde, aufrecht zwar, aber fast tot. Es ist ein Opfer der unsichtbaren Austrocknung der Landschaft an der Erft geworden: Durch die umfangreiche Grundwasserabsenkung werden die Braunkohletagebaue gesichert, die sich wie riesige Erdwunden um Türnich herum ausbreiten. Mein Herz schrumpfte.

Von Godehard Graf Hoensbroech, dem Hausherrn von Schloß Türnich, wurde ich zu einer Besichtigung eingeladen. Anfang der achtziger Jahre hatte er das Schloß und den Park von seinem Vater übernommen, wollte aber die Anlage nach einer noch ausstehenden Restaurierung nicht allein genießen. Hier sollte ein Umweltzentrum geschaffen werden. Aber wer würde einem Umweltzentrum, das sich der Heilung der Erde widmet, Vertrauen schenken, wenn es nicht gelang, erst einmal sein eigenes Geländes zu heilen?★

Mittlerweile war unsere Schloßbesichtigung unter der Leitung des Grafen schon im Gange. Zuerst wurde die Schloßkapelle geöffnet. Als ich an der Schwelle stand, sah ich zunächst einmal nur die langweilige Kirchenausstattung des letzten Jahrhunderts – bis ich plötzlich in der Mitte des Raumes ein kreisförmiges Bodenmosaik entdeckte mit der Sonne als Mittelpunkt, umgeben von den zwölf Zeichen des Tierkreises und den vier Mondphasen. Diese Sinnbilder für Raum und Zeit★★ sind flankiert von vier Medaillons mit Menschenfiguren, die die vier Jahreszeiten und gleichzeitig die vier Altersstufen des menschlichen Lebens

---

★ Die Idee war, daß ich anfangs beurteilen sollte, ob es schwingungsmäßig noch genügend Lebenskraft im Schloß und Parkbereich gab, um einen Wiederbelebungsversuch planen zu können.

★★ Später hat jemand dazu bemerkt, daß die vier Mondphasen innerhalb des Tierkreises so geschickt plaziert sind, daß sie gleichzeitig die vier Wendepunkte des Jahres darstellen: durch die Halbmonde die Tagundnachtgleichen und durch den Vollmond beziehungsweise den Schwarzmond die beiden Sonnwenden.

darstellen. Sonne, Sterne, Mond, die Natur und der Mensch: der ganze materielle Lebensbereich mitten in einer Kapelle abgebildet! Noch nie habe ich eine solche »Profanisierung« eines Kirchenraumes gesehen.

Als ich endlich meinen Blick von dem Bodenmosaik trennte und ihn auf der Suche nach möglichen Bezügen zum Apsisgewölbe hob, fand ich hoch oben eine ähnlich abgerundete Form. Die zentrale Stellung der physischen Sonne unten wird oben von der Christusgestalt übernommen. Die gleichen Strahlen – abwechselnd schlangenförmig und gerade –, die von der Sonne ausgehen, strahlen auch von der Christussphäre aus. Es ist offensichtlich, daß der physischen Sonne der Christus als die geistige Sonne gegenübersteht.

Kaum hatte ich das begriffen, begann der düstere Kirchenraum sich zu wandeln. Das Bodenmosaik war kein in sich geschlossenes Abbild des irdischen Lebensgewebes mehr mit den Zeitzyklen, mit den Wandlungen der Natur und des Menschen; die Christussphäre war keine Himmelsdarstellung mehr, die ich unberührt »von außen« betrachten konnte: Das Mosaik und die Sphäre kommunizierten miteinander, und ich fühlte mich in dieses Zwiegespräch der Erde und des Himmels wie in einen Wirbel hineingezogen. Mit dem körperlichen Teil meines Wesens empfand ich mich in die Raum- und Zeitdimensionen des Bodenmosaiks eingebunden, mein geistiges Selbst war gleichzeitig Teil der zeit- und raumlosen Schwingung der Christussphäre.

Ich war nicht mehr Betrachter des Kapellenraumes, sondern wurde als Mensch selbst zum Punkt des Gleichgewichts zwischen Erde und Himmel – zwischen dem physischen und dem geistigen Aspekt der Realität. Ich wurde zu einem Element der Offenbarung, die von den Meistern der Kapellengestaltung offensichtlich vorgesehen war, um jedem Besucher der Kapelle die Möglichkeit zu bieten, sich selbst zwischen Zeit und Ewigkeit, zwischen Raum- und Geistdimension zu erleben.

Es muß aber eine besondere Bedingung geben, damit die Offenbarung der Kapelle überhaupt erlebbar wird, denn Graf Godehard, der sich ja seit seiner Kindheit unzählige Male in der Kapelle aufgehalten hatte, hat diesen Aspekt nie zuvor bemerkt. Erstaunt hörte er meinen Schilderungen zu. Gibt es einen Schlüssel, durch den die tieferen Schichten der Wirklichkeit dem Menschen sichtbar und erlebbar werden? Oder geht es darum, daß man sich selbst den für gewöhnlich unbewußten Dimensionen der Realität öffnet?

Ich glaube, es ist nicht wahr, daß die Erscheinungen um den Menschen herum nur darstellen, was sein Auge von ihnen sieht. Was jemand sieht, sind nicht die Dinge selbst, sondern ihr Abdruck, der durch die Tätigkeit seines Bewußtseins gestaltet wird. So kommt es zu einer verblüffenden Relativität der Wahrnehmungen. Man sieht nur das, was man ist. Die Wirklichkeit dürfte unzählige Aspekte in sich bergen. Die Bewußtseinsebene, von der aus man die Realität betrachtet, entscheidet darüber, wie eine Naturerscheinung oder ein Kunstwerk gesehen wird.

Durch die Weltanschauung, die ein Mensch meist unbewußt in seiner Psyche trägt – nicht nur als einzelner, sondern vor allem als Angehöriger seiner Kultur – wird eine bestimmte Form von Realität um ihn und seine Zeitgenossen fixiert. Als Folge davon nimmt er die Gestalt dieser Realität wahr, als wäre sie granitfest, obwohl sie eine Illusion ist, denn sie würde sich wesentlich ändern, wenn er die

Das Bodenmosaik in der
Schloßkapelle

Welt von einer anderen Bewußtseinsebene aus betrachten würde. Praktisch geschieht eine solche Wandlung schon, indem sich ein Mensch im Laufe eines persönlichen Entfaltungszyklus innerlich läutert, eigene Irrtümer klärt und sich geistig entwickelt.

So geschah es, daß bei einem viel späteren Gespräch in der Kapelle, als wir über das Bodenmosaik diskutierten, sich eine weitere Beziehung zwischen dem Bodenmosaik und der Christussphäre offenbarte. Ich bemerkte, daß die vier Jahreszeitenbilder des Mosaiks, die ja einen einheitlichen Zyklus darstellen, von der Sonne aus gesehen doch links und rechts polarisiert sind. Den Figuren auf der linken Seite ist eine Katze beziehungsweise eine Sichel beigegeben. Die Katze als weibliches Tier und die Sichel als Werkzeug, das man beim Schneiden in der waagrechten Ebene bewegt, bezeichnen den »weiblichen«, »passiven«, »negativen« Pol, der nach der chinesischen Tradition »Yin« benannt wird. Auf der anderen Seite sind die Figuren mit einem Schwert beziehungsweise mit einem Stab ausgestattet. Diese zwei vertikalen Symbole bezeichnen den »männlichen«, »aktiven«, »positiven«, den »Yang«-Pol.★

Trinitätszeichen der Christushand

Auf dem Bodenmosaik sind die Yin- und Yang-Polaritäten noch verschleiert. Wenn man aber den Blick auf das Apsisgewölbe richtet, treten sie im Bereich der Christussphäre klar hervor als eine weibliche und eine männliche Gestalt. Betrachtet man den Mann – Johannes der Täufer – und die Jungfrau Maria vom Christus aus, so befindet sich Yin auf der rechten und Yang auf der linken Seite, genau umgekehrt wie auf dem Bodenmosaik. Die Christussphäre und das Bodenmosaik sind Ausdruck ein und derselben Realität auf zwei verschiedenen Ebenen. Folglich sind sie gegensätzlich polarisiert.

Lenkt man den Blick weiter in die Christussphäre hinein, geschieht noch eine zweite Umpolung. Dicht am Christus stehen zwei Engelsfiguren: auf der rechten Seite ein Engel im Gewand einer aktiven Farbe (rot) und mit aufgerichtetem Schwert – beides sind Yang-Symbole. Der linke Engel trägt eine Tunika in passiver Farbe (blau) und blickt aufmerksam in ein Buch, das durch die

★ Um die beiden Pole zu benennen, gebrauche ich für gewöhnlich die östlichen Ausdrücke »Yin« und »Yang«, weil ich die westlichen Synonyme zu nahe an der dualistischen Weltvorstellung empfinde. Es geht nicht um die äußeren Polaritätserscheinungen, sondern um eine innere Spannung, die in die kosmische Ganzheit mündet, so wie Yin und Yang im TAO vereint sind.

Die Christussphäre im Apsisgewölbe

Buchstaben Alpha und Omega als ein Behältnis der ewigen Weisheit gekennzeichnet ist. Die Farbe Blau und die Weisheit sind Yin-Symbole. Auf der Seite,
wo vorher Yang war, finden wir jetzt Yin und umgekehrt.

Eine weitere Umpolung gibt es nicht. Der Christus in der Mitte trägt ein neutral
gefärbtes Gewand als Zeichen des Gleichgewichts zwischen rot und blau. Mit den
Füßen berührt er die Erdkugel als die unterste Daseinsebene. Seine erhobene
Rechte weist auf die höchste Existenzebene, die Ebene der göttlichen Trinität: er
streckt drei Finger aus. Der Christus wird zu einem Symbol des Gleichgewichts
zwischen Yin und Yang, zwischen Erde und Himmel. Die Gegensätze sind
kreuzartig in ihm ausgeglichen.*

Die bipolare Dynamik der Kapellenachse wurzelt in der physischen Sonne des
Bodenmosaiks und gipfelt in der Christusgestalt der Apsis. Man kann sich die
Achse als einen Merkurstab vorstellen, um den sich die Schlangen des Yin- und
Yang-Prinzips schlingen. Die Links-/Rechtsumpolungen, die dabei zustande-
kommen, bezeichnen jeweils die Übergänge von einer Daseinsebene zur nächsten
– bis die höchste Ebene erreicht wird. Sie ist bei dem antiken Schlangenstab durch
die Flügel des Geistes bezeichnet, bei der Kapellenachse durch die Christusdar-
stellung.

---

* Wenn man die Yin-/Yang-Beziehung zwischen den beiden Engeln als Horizontale betrachtet
  und die Christusfigur, gespannt zwischen der himmlischen Trinität und der Erde, als
  Vertikale, entsteht das sogenannte keltische oder auch kosmische Kreuz, ein Gleich-
  gewichtszeichen, bei dem der waagrechte und der senkrechte Balken gleich lang sind.

Die unterste Ebene der Achse stellt die ersten vier Dimensionen des physischen Universums dar: die drei Raumdimensionen und die Zeit als die vierte Dimension. Dementsprechend ist die Symbolik des Bodenmosaiks. Die zwei höheren Ebenen, die durch die Umpolungen an der Achse gekennzeichnet sind, kann man sich als die fünfte und die sechste Dimension vorstellen, deren erste Umrisse die moderne Physik gerade erforscht.★ Zusammen mit der höchsten Geistesebene, symbolisiert durch die Christusfigur, gäbe es dann sieben Dimensionen.

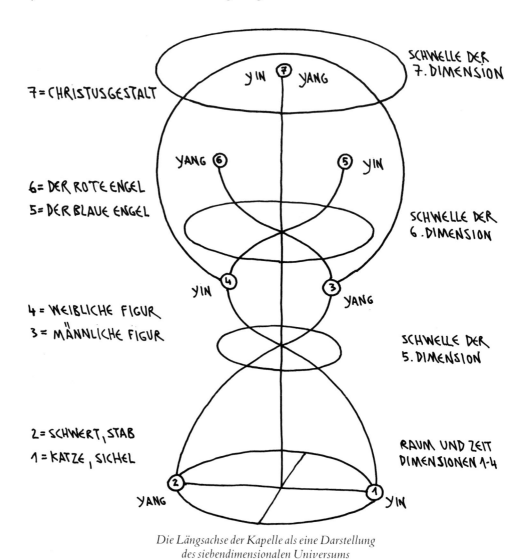

Die Längsachse der Kapelle als eine Darstellung des siebendimensionalen Universums

★ Vgl. Burkhardt Heim: Lebensprozesse und Hyperraum. Referat anläßlich des vom Umweltzentrum für ökologische Strukturforschung Schloß Türnich organisierten Kongresses ECOLOG '88, Köln 1988.

14

Die Längsachse der Türnicher Kapelle könnte man als das bildhafte Modell eines siebendimensionalen Universums verstehen, das in seiner Struktur darstellt, wie die ganzheitlichen Lebensprozesse verlaufen. Die Geschichte, von der dieses Buch erzählt, orientiert sich an diesem dynamischen Modell, das in der Kapelle pulsiert.

Zwei Jahre hat es gedauert, bis die Längsachse und ihre schichtweise kodierten Botschaften soweit geklärt waren. Es gibt aber auch eine Querachse, die den Menschen von der Eingangstür der Kapelle dem Bodenmosaik als dem Mittelpunkt des Raumes zuführt. Im Gegensatz zur Längsachse, die den Menschen imaginativ durch die sieben Ebenen des Universums gleiten läßt, leitet ihn die Querachse zum Portal hinaus in das tägliche Leben. Diese Hingabe an die Lebensprozesse spiegelt sich in zwei symmetrisch angeordneten Lebensbaumbildnissen wider: In die Äste der beiden Bäume ist die Geschichte von zwei Vögeln eingewoben, die sich verlieben, weiter oben ein Nest bilden, und noch weiter oben verläßt die junge Generation das Nest...

Die Lebensbäume sind in den oberen Türbogen gemalt, so daß sie dem in die Kapelle eintretenden Menschen über dem Haupt erscheinen. In dieser Stellung entsprechen sie den beiden Gehirnhälften, die die zwei komplementären Aspekte des menschlichen Bewußtseins darstellen – die ganzheitliche Intuition und die verstandesmäßige Vernunft. Die korrespondierenden Symbole finden sich seitlich des Türbogens: Über der rechten Gehirnhälfte des eintretenden Menschen eine Schlange mit einem Apfel, über der linken Hälfte ein Kreuz mit einem Lichtfunken.

Das Kreuz mit dem Lichtfunken als Symbol der Konzentration auf einen Punkt kennzeichnet das rationale Denken, das in der linken Gehirnhälfte operiert. Die Schlange mit dem Apfel als ein Ursymbol der Weisheit bezeichnet die intuitive Denkweise der rechten Hälfte des menschlichen Gehirns.

An diesem Punkt möchte ich offen gestehen, daß ich entschlossen dem intuitiven Weg der rechten Gehirnhälfte Vorrang gebe, wenn es um die Betrachtung eines Kunstwerkes oder die Erforschung eines Ortes geht. Das heißt, daß ich mir als erstes erlaube, frei zu fühlen – ich vertraue meiner Intuition, ich lausche auf die Zeichen, die mir aus der Umwelt entgegentreten möchten, ich suche durch inneres Betrachten zu erfahren. Dabei leugne ich keineswegs, daß die verstandesmäßige linke Gehirnhälfte mit der Fähigkeit, die Welterscheinungen zu beschreiben, einzuordnen und zu verstehen, auch für mich ein wichtiges Werkzeug darstellt – aber nur, wenn sie in Beziehung zur intuitiven Hälfte steht.

Als Kinder des modernen, verstandesorientierten Zeitalters sind wir völlig der Ratio ausgeliefert. Als Folge müssen wir die schmerzliche Erfahrung machen, mit einer dichten Dunkelheit in dem Augenblick konfrontiert zu werden, da wir die unsichtbare Seite einer Lebenserscheinung erfahren möchten. Alles scheint verschlossen für das logische Beobachten, das wir als einziges gelernt haben. Die hellseherische Wahrnehmung ist vor langer Zeit verlorengegangen. Die Welt sieht aus, als gäbe es nichts, was über die stofflichen Erscheinungen hinausginge.

Angesichts dieses Zustandes empfinde ich die intuitiven Fähigkeiten der rechten Hemisphäre erlösend. Sie eröffnen uns einen klaren Pfad durch die scheinbar undurchdringliche Dichte der rationalen Wahrnehmung, einen Pfad, der gar nicht fremd ist, sondern in der Gesetzmäßigkeit unseres eigenen Wesens gründet. Wenn alles, was das Leben ausmacht – und es geht um nichts weniger – erst einmal intuitiv erfaßt wird, dann ist man frei, auch die Werkzeuge des Verstandes zu gebrauchen, ohne die Sensibilität des Lebens zu verletzen.

Die Klarheit, mit der sich die Querachse der Kapelle erschlossen hatte, begeisterte mich. Aber dann kam ich mindestens ein Jahr lang in ihrer Enthüllung nicht weiter. Über den beiden Symbolen des intuitiven und des rationalen Bewußtseins befindet sich ein Bildnis von der Verkündigung an Maria, das aber keine Botschaft aussandte, sondern die ganze Zeit über wie in einem Nebel verhüllt blieb.

Schließlich waren die Restauratoren, die seit Jahren in der Kapelle tätig waren, so weit, daß sie das Gerüst am Eingang aufstellten, um auch das Verkündigungsgemälde wiederherzustellen. Als eines der ersten Details erneuerten sie die fast verschwundene Taube des Heiligen Geistes, die in der Mitte zwischen dem Erzengel Gabriel und der Jungfrau Maria schwebte.

Abends, als die Restauratoren schon gegangen waren, wollte ich mit Graf Godehard das Ergebnis ihrer Arbeit betrachten. Voll freudiger Erwartung betraten wir die Kapelle, doch dann standen wir wie vom Schlag getroffen vor der restaurierten Taube des Heiligen Geistes. Sie sah aus wie eine tote Maus. Wir waren empört. So etwas konnte ein Meister wie Franz Guillery nie hinterlassen haben.★ Also stiegen wir auf das Gerüst, um die Schwingungen der Taube zu messen. Was kann man da messen?

Ich bin fest davon überzeugt, daß die Welt um mich herum nicht nur eine physische Form hat, sondern auch eine energetische Gestalt. Was wir mit unseren Sinnen als Erscheinung wahrnehmen können, ist nur die stoffliche Verdichtung einer bestimmten Schwingung. Den Schwingungszustand der gesamten Schöpfung kann man als einen für alles Seiende geltenden Urzustand verstehen, durch den die verschiedenen Raum- und Zeiterscheinungen in die kosmische Ganzheit eingebettet sind.

Als menschliche Wesen schweben wir von Natur aus in diesem Schwingungsmeer. Wir nehmen es nicht wahr, weil wir uns einfach damit identifizieren: wir sind es. Was wir durch unsere Sinnesorgane wahrnehmen, sind die Verdichtungen dieser verschiedenen Schwingungen, die wir als unterschiedliche Formen der Materie ertasten beziehungsweise erfahren können.

Wenn wir uns fortwährend mit den verschiedensten Umweltschwingungen identifizieren, dann heißt dies, daß unsere Körperstruktur jeweils mitschwingt. Wir merken das nur nicht, weil es sich um ungeheuer feine Vibrationen handelt. Um uns dieser Schwingungen bewußt zu werden, müßten wir etwas sehr Labiles in der Hand halten, das dieses unsichtbare »Zittern« des Körpergewebes sichtbar macht. Die sogenannten Radiästhesie-Instrumente★★ dienen diesem Zweck.

★ Die Kapelle wurde von dem Kölner Maler Franz P. M. Guillery (1862–1933) bis zum letzten Quadratzentimeter Wand ausgemalt.

★★ Radiästhesie ist die Kunst, Strahlung zu erspüren und zu unterscheiden; von »radiare« (Lat.) – strahlen und »aisthesis« (Gr.) – die Wahrnehmung.

Nimmt man ein Pendel, eine Wünschelrute, einen Bio-Tensor oder die Drehwinkelsonden und stellt sich über eine Strahlungsquelle, dann kann man an deren Bewegung die Folgen der feinen Vibrationen des eigenen Körpers beobachten, der auf natürliche Weise im Einklang mit der Schwingung der Strahlungsquelle vibriert.

Will man etwas radiästhetisch messen, so heißt dies, daß man die verschiedenen Werte der Schwingungen unterscheiden möchte. Nimmt man zum Beispiel ein Pendel in die Hand und nähert sich dem Zeichen der Schlange mit dem Apfel in der Kapelle, so beginnt das Pendel im Gegenuhrzeigersinn zu kreisen – also nach links. Die Schlange mit dem Apfel als Sinnbild der Intuition und der Weisheit ist nämlich ein »weibliches«, ein Yin-Symbol. An dem Bildnis des Kreuzes mit dem Lichtfunken auf der anderen Seite des Eingangs dreht sich das Pendel im Uhrzeigersinn. Es kreist rechts herum, da das Symbol der rationalen Intelligenz ein »männliches«, also ein Yang-Zeichen ist.

Dabei muß man berücksichtigen, daß der menschliche Körper ständig mit einem ganzen Meer von Vibrationen mitschwingt und nicht nur mit einer einzigen. Um eine bestimmte Schwingung zu identifizieren, muß man sie sozusagen aussondern, indem man sich gefühlsmäßig auf einen ganz bestimmten Gegenstand, ein Bild oder auf einen bestimmten Ort konzentriert.

Man kann sich weiter vorstellen, daß diese ausgesonderte Schwingung durch ein Wahrnehmungsorgan geleitet wird, das sich im Hinterkopf befindet. Dort wird die Schwingung in einen entsprechenden Code übersetzt, den man durch eigene Erfahrung gewinnen und ausarbeiten muß. Nach diesem Code wird ein Impuls in die Hände geleitet, den man mit Hilfe eines Radiästhesie-Instrumentes ablesen kann.

Als ich nun an dem Verkündigungsbildnis das Pendel in die Hand nahm, fixierte ich gleichzeitig meinen Blick auf die Taube, um mich auf ihre Schwingung zu konzentrieren. Das Resultat war gleich Null! Das Pendel rührte sich nicht, es gab überhaupt keine Schwingung. Die Taube war energetisch tot. Als ich aber meine Konzentration weiter hinüber zu der Jungfrau lenkte, um zu sehen, ob sich da etwas rührt, entstand eine immer stärker werdende Yin-Schwingung. In der Gegenrichtung, im Bereich des Erzengels, war die Vibration als Yang zu spüren. Nur die Fläche mit der lächerlichen Taube blieb weiter stumm.

Da fiel Graf Godehard eine Begebenheit aus seiner Jugend ein: Wenn sein Vater, wie es häufig vorkam, Gäste durch die Kapelle führte, pflegte er zu erzählen, wie man früher einmal bemerkt hatte, daß nach den Regeln der Ikonografie auf dem Verkündigungsgemälde die Taube des Heiligen Geistes fehlte. Ein Anstreicher aus dem Dorf wurde beauftragt, die Taube in die Mitte zu malen und zusätzlich der Maria einen dunkelblauen Mantel um die Schultern zu legen.

Dies bot eine einzigartige Gelegenheit, unsere »Messung« zu prüfen. Die Restauratoren wurden gebeten, eine Ultraviolettaufnahme von der Taube und dem Mantel zu machen. Dabei stellte sich zweifelsfrei heraus, daß die Taube falsch war und der Mantel auch. Nachdem sie dann mit Zustimmung der Denkmalsschutzbehörde ausgewischt waren, sind wir wieder auf das Gerüst geklettert, um den Wandel energetisch zu prüfen. Der Nebel, in dem das Gemälde ertrunken war, war verschwunden. Die Störung war beseitigt.

Darstellung der Verkündigung an Maria
(nach der Restaurierung)

Die Gestalt der Jungfrau Maria strahlte jetzt in einer klaren Yin-Schwingung. Überraschenderweise schwang die ganze Landschaft, die als Hintergrund zur Maria gemalt ist, auch Yin. Die Mariengestalt und die Landschaft bilden ein einziges Yin-Energiefeld. Dadurch wird die Jungfrau gleichzeitig als die Erdenmutter, die antike Gaia empfunden. Sie verkörpert die ganze irdische Schöpfung.*

Ganz anders der Erzengel. Die Yang-Schwingung seiner Figur reicht nur bis zu seinem Umriß und keinen Millimeter weiter in die Umgebung hinein. Man ist aber überrascht, wenn man seinen Zeigefinger mißt, mit dem er zur Mutter Erde deutet. Da ist die Yang-Schwingung so ungeheuer konzentriert, daß sie wie ein mächtiger Lichtstrahl empfunden wird. Er hat keine Verbindung mit der irdischen Welt, sondern kommt aus einer Geistebene in diese Welt hinein, um mit der schöpferischen Yang-Kraft das Irdische zu befruchten und zu beleben.

So wie die verschiedenen Flächen des Verkündigungsgemäldes eigene Schwingungen haben, sind auch die sechs Grundflächen, die zusammen den Kapellengrundriß bilden, alle mit bestimmten Strahlungen aufgeladen und polarisiert. Die Bodenfläche des Kapellenschiffes ist durch ein Ornament aus Marmorplatten in drei Teile gegliedert. In der Mitte liegt das beschriebene Bodenmosaik, davor und

---

* Man kann die Heilige Maria als Verkörperung von zwei Urbildern sehen, die aus der modernen Religionsvorstellung meist verdrängt sind: Als Mutter Gottes stellt sie den weiblichen Aspekt der Gottheit dar, als lebengebende Jungfrau die Intelligenz des Erdplaneten.

dahinter jeweils ein Nebenfeld. An diese schließen sich die Bodenflächen der drei zusätzlichen Räume an: die Apsis, der Chor und die Sakristei.

Die radiästhetische Untersuchung ergab, daß vier von den sechs Flächen Yin strahlen. Der Ursprung dieser Strahlung war aber nur für eines der vier Felder identifizierbar. Unter dem Bereich des Bodenmosaiks wurde eine Tiefwasserquelle erspürt. Aus dieser Quelle wird das Mosaikfeld mit der Yin-Wasserstrahlung aufgeladen.

Das Geheimnis der anderen drei Yin-Flächen blieb verschleiert, bis mich Graf Godehard auf drei Tunnel aufmerksam machte, die aus dem Wassergraben, der den Schloßbereich umgibt, in die Kapellenfundamente hineinführen.⋆ Die Tunnel unter der Kapelle waren schon immer eine verblüffende Kuriosität gewesen. Von jeher haben sich ja die Architekten bemüht, das Wasser von den Gebäuden wegzuleiten – hier aber wird Wasser bewußt tief unter die Kapelle geführt. Dadurch werden die drei Bodenflächen der Kapelle, die scheinbar grundlos Yin-Qualität ausstrahlen, künstlich mit der Wasserstrahlung durchtränkt.

Die Strahlungsquellen der Kapelle

⋆ Unter größter Mühe sind Graf Godehard und seine Söhne in die Tunnel hineingerudert und haben sie erforscht. Die perfekt ausgearbeiteten Wölbungen führen das Wasser genau unter die drei Bodenflächen der Kapelle und sind am Ende apsisähnlich abgeschlossen.

Als Kontrapunkt zu den vier Yin-Feldern der Kapelle weisen die Schwingungen der Apsis außerordentlich reiche Yang-Eigenschaften auf. Der Brennpunkt des Energiefeldes liegt auf dem Podest vor dem Altar. Diese Stelle in der Podestmitte ist durch ein Achteck aus schwarz-weiß-roten Marmorplättchen gekennzeichnet. Da ist die »positive« Strahlung in einer mächtigen Vertikale konzentriert. Es ist der Platz, an dem der Priester während des Gottesdienstes steht.

Mir scheint, das Verkündigungsbild am Eingang offenbart uns den Gesamtplan der Kapelle. So wie die Jungfraugestalt eine irdische Yin-Qualität der Strahlung aufweist, ist auch die Yin-Strahlung des Kapellenbodens in der Erde beziehungsweise im Wasser begründet: sie stammt »von unten«. Die Yin-Felder führen die Schwingungen des planetaren Körpers in den sakralen Raum der Kapelle hinein.

Die Apsis hingegen konzentriert die Schwingungen der kosmischen Ebene. Sie übernimmt die Rolle des Erzengels in seiner Beziehung zur Jungfrau Maria. Sein Zeigefinger leitet konzentrierte Strahlung aus einer höheren Daseinsebene in die irdische Welt hinein. Das gleiche gilt auch für den Energiestrahl, der auf das Achteck vor dem Altar gerichtet ist. Die Schwingung quillt nicht aus der Erde herauf, sondern sie läßt sich »von oben« herab.

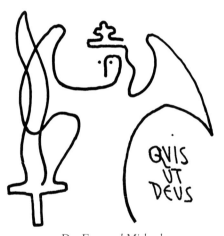

Der Erzengel Michael
im mittleren Glasfenster der Apsis

Jahrhundertelang stand die mittelalterliche Schloßkapelle auf einem radiästhetisch uninteressanten Platz nahe dem Tor, das auf den Schloßhof führt. In der zweiten Hälfte des 19. Jahrhunderts wurde sie abgerissen und die neue Kapelle auf dem schwingungsmäßig viel wichtigeren Platz links vom Herrenhaus errichtet. Im Jahr 1893 erfolgte die Einweihung. Was ehemals eine Michaelskapelle war, wurde nun der heiligen Elisabeth von Thüringen geweiht. Trotzdem ist der Erzengel Michael der schützende Geist der Kapelle geblieben. In Form einer Drachenkampfskulptur thront er auf der Dachspitze. Im Inneren der Kapelle dominiert er im mittleren Glasfenster der Apsis.

Die neue Schloßkapelle wurde als ein Gesamtkunstwerk konzipiert. Architektur, Malerei und all die verschiedenen Handwerke wurden in ein einheitliches Werk

Die Apsis

verschmolzen. In ihren Bau sind alle Epochen der westlichen Architekturge-
schichte eingeflossen: die Apsis ist der Romanik nachgebildet, die Wölbung des
Kapellenschiffes ist neugotisch, der marmorne Boden und Wandbelag sind im Stil
der Renaissance, die äußere Form der Kapelle erinnert an das Barock. Außerdem
wurden in dieses Baukunstwerk die komplexen Symbole des Geheimwissens
eingewoben, wie sie durch Jahrhunderte abendländischer Kultur gesammelt und
durch verschiedene Geheimorden von einer Generation Eingeweihter zur anderen vermittelt worden sind. Dazu zählt auch die Kunst, wie man ein Heiligtum
schwingungsmäßig richtig plaziert und energetisiert.
Angesichts dieser erstaunlichen Leistung habe ich das Gefühl, daß hier jemand an
der Schwelle zum 20. Jahrhundert das gesamte exoterische und esoterische
Kulturgut des verlöschenden Zeitalters zusammenbringen wollte, um ein Funda-
ment für die zukünftige Entwicklung zu schaffen.

Darauf, daß es sich um ein Geheimnis handelt, deutet die Tatsache hin, daß kein einziges Dokument über den Kapellenbau existiert, außer dem formalen Bauplan, den man den Behörden vorlegen mußte.★ Im Schloßarchiv sind sämtliche Dokumente über die letzten zwei Jahrhunderte aufbewahrt – sogar Rechnungen, die lächerliche Summen betreffen –, aber es findet sich darunter kein einziges Dokument über den Bau der Kapelle, obwohl es sich um riesige Kosten gehandelt haben muß.

Den einzigen Hinweis auf die Schöpfungsquelle geben vielleicht zwei Templerkreuze, die hinter dem Altar auf einem Mosaikband, das um die Apsis herumläuft, angebracht sind. Sie waren früher dem öffentlichen Blick noch mehr verborgen als heute, da die vergoldete Holzumrandung des Altars nicht mehr besteht, auf der sechs Kristallkugeln ruhten. Früher konnte man die roten Kreuze auf weißem Wappenfeld vermutlich nur als verkleinerte Abbilder in den Kristallkugeln sehen.

Die Templerkreuze deuten in die Richtung des Templerordens, von dem bekannt ist, daß er schon im Jahre 1312 aus der weltlichen Geschichte verbannt wurde. Es ist aber anzunehmen, daß ein weiterbestehender Geheimzweig des Ordens dafür Sorge getragen hat, daß die esoterische Weisheit des Mittelalters über die Kluft der folgenden materialistisch orientierten Epochen bis an die Schwelle eines neuen Zeitalters getragen wurde, das das unterdrückte Wissen wieder zu ehren verstehen würde.

Es gibt in Türnich aber noch eine weit umfangreichere Schöpfung aus der gleichen Epoche, deren gesamte Dokumentation auf geheimnisvolle Weise verschwunden ist – den Schloßpark.

★ Der formale Bauplan wurde von dem Kölner Regierungsbaumeister Heinrich Krings (1857–1925) unterschrieben.

DIE LINDENKATHEDRALE

Um zu erfahren, ob die Kapelle Beziehungen aufweist zu dem Park, der das Schloß umgibt, habe ich mich einer zweiten Art bedient, wie man den Körper einsetzen kann, um die unsichtbare Schwingungsstruktur eines Ortes zu ertasten: Ich stelle mich auf einen bestimmten Strahlungspunkt und bleibe eine Weile dort in der inneren Stille stehen, so daß ich die individuelle Schwingung des Ortes reichlich in mich hineinnehme. Dann versuche ich, mit Hilfe meiner Intuition in der Umgebung eine mögliche Schwingung zu erspüren, die identisch schwingt mit der, die ich in der Stille in mich hineingenommen habe. Wenn ich in dem Moment, wo ich eine solche Schwingung wahrnehme, das Pendel in meiner Hand laufen lasse, schwingt es hin und her genau in die Richtung, aus der die erspürte Strahlung herüberströmt. Das Pendel bewegt sich sozusagen im Strom der subtilen Anziehung, die zwischen den beiden Punkten vibriert. Wenn ich dieser Richtung nachgehe, werde ich genau zu der gesuchten Schwingungsquelle hingeführt.

In diesem Fall stellte ich mich auf den kosmischen Yang-Punkt vor dem Altar und stand dort einige Zeit still.

Als ich dann das Pendel losließ, schlug es sofort heftig in nördlicher Richtung aus. Dieser Richtung zu folgen, hieß aber, schon nach zwei Schritten an die Apsis-wand zu stoßen. Also lief ich voll Neugier aus der Kapelle und stellte mich an der Außenwand wieder in den gleichen Anziehungsstrom. Aber weh, nur drei Schritte weiter hielt mich das Wasser des Schloßweihers zurück!

Die Richtung, aus der die Schwingung strahlte, führte auf zwei riesige Platanen zu, die am anderen Ufer des Weihers nebeneinander auf einem schmalen Damm wachsen, der die beiden Wassergräben voneinander trennt. Die beiden Bäume bilden zusammen eine einzige fast vollkommen abgerundete Laubkrone, die zu den Rändern hin dichter wird, in der Mitte aber ein kraterähnliches Loch aufweist. Da die Bäume auf dem Damm stehen, wird der untere Rand der enormen Krone dadurch gebildet, daß die Äste sich tief zum Wasserspiegel herabneigen und die Kronenkugel dicht über dem Wasser schließen. Dabei fällt auf, daß das Wachstum bei den rechts herabhängenden Ästen besonders kräftig ist.

Um das Kraftfeld der vereinten Platanenkronen radiästhetisch zu untersuchen, genügte es, daß ich von weitem den Blick über die Kronenkugel gleiten ließ, um mich dadurch auf ihre Schwingungen einzustimmen. Dabei fand ich, daß die Yang-Schwingung sich in der Mitte verdichtet. Die feuerähnliche Yang-Strah-lung »verbrennt« die Wachstumserscheinungen, so daß das kraterähnliche Loch entsteht. Da die Natur immer auf irgendeine Weise ein Gleichgewicht schafft, gibt es auch einen Yin-Punkt, der aber an die Kronenperipherie gedrängt ist. Man kann ihn rechts über dem Wasserspiegel erspüren, da, wo das von der Yin-Strahlung angeregte Wachstum der Äste besonders üppig ist.

Um zu erfahren, was zwischen den Platanen vulkanähnliches geschieht, habe ich mich der Drehwinkelsonden bedient, mit denen man nicht nur die Yin- oder Yang-Qualität der Strahlung unterscheiden kann, sondern auch sämtliche Arten von Schwingungsphänomenen. Die beiden Sonden werden waagrecht in den Händen gehalten. Wenn man beim Geländeüberschreiten mit dem Körper auf eine Energieströmung stößt, überschwemmt der neuempfangene Impuls den ganzen Organismus. Als Folge zeigen die beiden Sonden eine bestimmte Bewegung an, sie bewegen sich waagrecht um den vertikalen Griff herum.

Ich liebe die Radiästhesie-Instrumente, weil sie eher Instrumente im musikalischen Sinne sind als technische Hilfsmittel. Man muß nämlich jede Schwingung zuerst instinktiv selbst erleben, bevor das Instrument sie bestätigen und für die logische Vernunft aufschlüsseln kann. Das geht keineswegs automatisch. Die Radiästhesie-Instrumente werden – was den schöpferischen Einsatz betrifft – in derselben Weise gebraucht wie Musikinstrumente.

Der Musiker erzeugt die musikalische Schwingung innerhalb seines Bewußtseins und überträgt sie dann so durch seine Hände auf das Instrument, daß sie für jedermann hörbar wird. Beim Radiästhesievorgang strömen eine Menge Schwingungen aus der Umwelt durch den Körper des Künstlers. Mittels seines Bewußtseins wird eine bestimmte Schwingung ausgewählt und über die Hände auf das Radiästhesie-Instrument übertragen. Dadurch wird sie zwar nicht hörbar, aber sie wird sichtbar.

Es ist charakteristisch, daß beide Arten von Instrumenten etwas sehr Labiles eingebaut haben müssen, das auf die Schwingungen reagiert, seien es die Saiten oder ein Zünglein bei den Musikinstrumenten oder die feinen Kugellager bei den Drehwinkelsonden, die das leichte Drehen der Sonden ermöglichen.

Konzentriert man sich an der Stelle zwischen den beiden Platanen auf die dominante Schwingung, die einem durch den Körper strömt, und hält dabei die zwei Sonden ganz fein und waagrecht in den Händen, so beginnt eine heftig zu rotieren, während die andere nach außen zeigt und in einem bestimmten Rhythmus dauernd hin und her winkt.

Dieser Rhythmus ist dem Herzschlagrhythmus auf eine unheimliche Weise ähnlich. Es geht nicht nur um die Ähnlichkeit der Intervalle, sondern um das ergreifende Gefühl, daß es sich tatsächlich um einen Herzschlag handelt.

Der Herzschlag wird natürlicherweise als Zeichen des strömenden Lebens geachtet. Ähnlich ist das Gefühl, wenn der Herzschlagrhythmus im Schwingungsfeld eines irdischen Ortes erkannt wird. Schwingungsmäßig betrachtet kann man sich vorstellen, daß an einem solchen Ort die lebenspendende Kraft sich aus einer »urelementaren« Ebene hinunterläßt auf die untergeordnete »ätherische« Ebene, um sich von da noch eine Stufe tiefer auf die physische Ebene zu begeben, um dort letztlich die Materie mit ihren Lebensimpulsen zu durchtränken. Mit der physischen, ätherischen und urelementaren Ebene meine ich drei

Die Kapelle mit den zwei Platanen
an der Ley-Linienquelle

einander übergeordnete Daseinsbereiche, die zusammen das manifestierte Universum⋆ darstellen.

Im Zusammenhang mit diesen ungewöhnlichen Benennungen muß ich leider zugeben, daß der modernen Sprache fast völlig die Begriffe fehlen, um die Erscheinungen der Schwingungswelten eindeutig zu bezeichnen. Diese ungeheure Schwierigkeit, die uns daran hindert, uns frei über eigene seelische Erfahrungen zu äußern, hängt wohl damit zusammen, daß die Menschheit die unsichtbaren Dimensionen der Wirklichkeit während der letzten Jahrtausende schrittweise aus ihrem Bewußtsein verdrängt hat. Die Kenntnisse über die erwähnten urelementaren und ätherischen Bereiche sind durch die verschiedenen Religionen und esoterischen Schulen zwar erhalten geblieben und in ihren archaischen Sprachformen auch bis in unsere Zeit überliefert⋆⋆, doch sind sie – da sie die neuzeitlichen Prozesse der Bewußtseinswandlung kaum mitgemacht haben – durch alte Vorstellungen besetzt geblieben; sie sind daher für eine unmittelbare Äußerung lebendiger Erfahrung kaum brauchbar.

⋆ Gewöhnlich teilt man das Universum nach einem Schwarzweißschema auf – einer körperlichen und einer geistigen Seite. Hier wird angedeutet, daß dazwischen noch zwei Übergangsebenen liegen und daß die Verwirklichung nicht nur in einer stofflichen Form, sondern auch schwingungsmäßig stattfindet.

⋆⋆ Die urelementare Ebene wird gewöhnlich als »die Seele« dargestellt, die zwischen der geistigen Welt und dem stofflichen Körper vermittelt. Von der ätherischen Ebene wird in der Form von Lichterscheinungen berichtet – wie etwa dem Heiligenschein.

Dies zwingt uns, schöpferisch mit der Sprache umzugehen und gefühlsmäßig die Benennungen aus verschiedenen Überlieferungen heranzuziehen, um unerwünschte Vorstellungen gegenseitig zu neutralisieren. Oder wir müssen neue Namen erfinden. Jedenfalls sollte darunter keine wissenschaftliche, eher eine Dichtersprache verstanden werden.

Mit der Ätherebene* ist jener Schwingungszustand der Realität gemeint, aus dem sich die verschiedenen stofflichen Welterscheinungen bilden. Die vereinzelten Dinge der physischen Welt sind durch ihre ätherische Schwingungsform in die elementare Weltganzheit eingebettet. Innerhalb des Modells des siebendimensionalen Universums, das sich in den Umpolungen in der Schloßkapelle offenbarte,

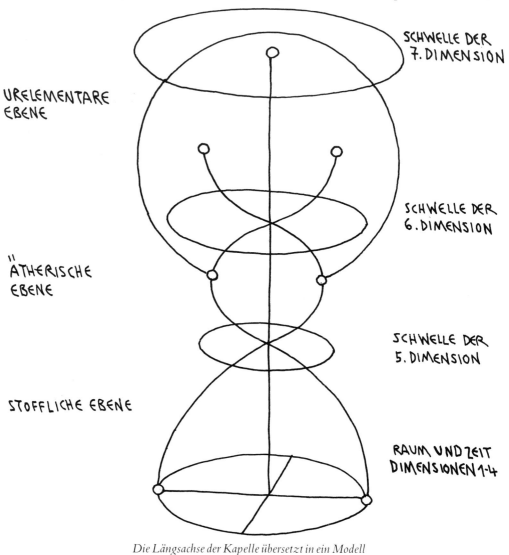

Die Längsachse der Kapelle übersetzt in ein Modell des siebendimensionalen Universums

---

* Äther kommt von »aither« (Gr.) – Helle, Klarheit, Luft. Damit wurde das fünfte Element jenseits von Feuer, Luft, Wasser und Erde bezeichnet.

Zum Kreuz zusammengeschmolzene Äste der Platanen

würde man die Ätherebene als die fünfte Dimension verstehen, die den vier Raum- und Zeitdimensionen übergeordnet ist.

Die Urelementarebene★ entspricht der sechsten Dimension in diesem Modell. Darin sind die urbildlichen Kräfte beheimatet, die dem Schwingungsmeer – aus dem die einzelne physische oder ätherische Erscheinung hervortritt – die universale Ordnung einprägen. In ihr wurzeln die sich stets wiederholenden und sich erneuernden Weltenformen, die C. G. Jung als Archetypen bezeichnet hat. Die Urelementarebene wird oft als der seelische Aspekt des Weltalls geschildert. Sie reicht bis an die Schwelle zur siebten Dimension, die wir von der Erde aus als göttliche ehren und die den geistigen Aspekt des Universums darstellt.

Wenn man zwischen den beiden Platanen steht, hat man das Gefühl, daß die Naturintelligenz, die schon über 200 Jahre lang die vereinten Platanenkronen gestaltet hat, sich der Heiligkeit der kosmischen Quelle bewußt ist. Sämtliche Äste, die aufeinander zuwachsen, sind langsam zusammengeschmolzen und bilden übernatürliche kreuzartige Kosmogramme. Es gibt dafür vier Beispiele. Eines der Astkreuze ist so hoch wie eine menschliche Gestalt und gleicht einem ausdrucksvollen Kruzifix. Durch die Astkreuze wird der sakrale Raum der beiden Platanen sogar auf der Ebene der Form erlebbar.

Geht man von dem Punkt der kosmischen Quelle in Richtung Kapelle – so weit es die Terrasse vor den Platanen erlaubt – so setzen sich die Bewegungen der Drehwinkelsonden in gleicher Weise fort: die eine winkt im Herzschlagrhythmus, während die andere rotiert. Das heißt, daß aus der Quelle zwischen den beiden Platanen ein Kraftstrom in Richtung Süden zieht, der die Schwingungen, die sich aus der kosmischen Quelle auf die ätherische Ebene ergießen, durch die Landschaft trägt. Einen solchen Schwingungsstrom nennt man nach der englischen Tradition eine Ley-Linie und nach der chinesischen Feng-Shui★★-Überlieferung eine Drachenlinie.

Will man sich eine Vorstellung von der Ley-Linie verschaffen, so lassen die zwei unterschiedlichen Reaktionen der Sonden zwei Bestandteile vermuten. Der eine ist der Herzschlagrhythmus der kosmischen Kraft, die aus der urelementaren Ebene herabquillt und die Kernschwingung der Ley-Linie bildet. Es ist die grundlegende Funktion einer Drachenlinie, diese urelementare Kernschwingung sowohl durch die natürlichen wie durch Stadtlandschaften zu verteilen.

Die zweite der beiden Drehwinkelsonden rotiert, angeregt von zwei Wirbeln, die sich der Ley-Linie entlang um den Kern herum drehen und als links- und rechtsdrehende Wirbel polarisiert sind. Durch ihre Kraft wird die kosmische Schwingung in die Ätherschichten der Landschaft hinein verbreitet bis zur Schwelle der stofflichen Daseinsebene. Durch das ständige Pulsieren des Ley-Liniennetzes wird Gaia zu einem lebendigen Planeten!

Im Gelände kann man eine Ley-Linie als einen bis zu vier Schritte breiten Strahlungsstreifen erspüren, der relativ gerade durch die Landschaft verläuft.

★ Den Begriff »urelementar« könnte man dem Begriff »archetypisch« gleichsetzen, nur daß bei dem ersteren der energetische Aspekt betont wird.

★★ Nach chinesischem Verständnis wird Feng-Shui als der Akupunktur vergleichbar betrachtet. Letztere befaßt sich mit dem menschlichen Körper, Feng-Shui aber mit den ätherischen Strömungen des planetaren Körpers und den Energiephänomenen der Landschaft.

Das kruzifixähnliche Astkreuz

Man muß aber bedenken, daß eine Drachenlinie außerhalb der Raum- und Zeitdimensionen schwingt. Was man mit den Radiästhesie-Instrumenten als ihre Bahn wahrnimmt, ist nur eine Übersetzung ihres Schwingungsverlaufs in den dreidimensionalen Landschaftsraum. Diese Beziehung zwischen zwei Realitäten, die auf zwei verschiedenen Ebenen parallel zueinander existieren, ist ziemlich abstrakt. Sie wird aber an bestimmten Punkten auf der Linie konkret, die ich Kraftpunkte★ nenne, weil an dieser Stelle die kosmische Kraft einer Drachenlinie zum Ausdruck kommt.

Da kommt es zu einem Austausch zwischen der ätherischen Ebene und der physischen Landschaft, da gibt es eine Art Atem, der die lebenspendenden Schwingungen der Ley-Linie rhythmisch in das materielle Gewebe der irdischen Natur hineinträgt, um es zu beleben und zu befruchten. Man kann solche Atmungspunkte als wahre Lebensquellen empfinden. Sie treten am häufigsten da auf, wo sich zwei Ley-Linien kreuzen.★★

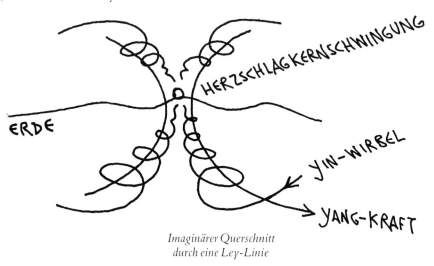

*Imaginärer Querschnitt
durch eine Ley-Linie*

Aus der Quelle zwischen den beiden Platanen verläuft die Ley-Linie über den Weiher, an der Apsis der Kapelle vorbei und weiter durch den südlichen Teil eines kleineren Waldes hinter dem Schloß, der Hirschpark genannt wird. Dort kreuzt sie eine zweite Ley-Linie, die in ost-westlicher Richtung verläuft. Es ist nicht zu übersehen, daß auch dieser zweite Kraftpunkt kunstvoll von der Natur gekennzeichnet ist:

Fünf Schritte vom Kreuzungspunkt der beiden Drachenlinien entfernt steht eine riesige Roßkastanie, die die Ausstrahlung des Kraftpunktes offensichtlich liebt. Fast alle bemerkenswerten Äste hat sie in die Richtung der Ley-Linienkreuzung ausgestreckt. Sie wächst völlig einseitig darauf gerichtet. Die unteren Äste, die der Strahlungsquelle am nächsten sind, schlingen sich rhythmisch hin und her als

---

★ Die Kraftpunkte werden auch Akupunkturpunkte genannt, weil man an diesen Plätzen den Kraftstrom der Ley-Linie durch ein Heilungsverfahren, das der Akupunktur ähnlich ist, erreichen kann.

★★ Vgl. M. Pogačnik und W. Bloom, Ley-Lines and Ecology

» Die tanzende Roßkastanie «

würden sie in den Schwingungswellen tanzen. Einer von ihnen wölbt sich in einem weiten Bogen über den Kraftpunkt.

Die skulpturschaffende Eigenschaft der Roßkastanie ist geradezu fantastisch, wenn man die Tiergestalten betrachtet, die der Baum aus seinem Gewebe heraus

31

gestaltet hat. Es gibt einen Hirschkopf und das Gesicht eines jungen Bären. Zu dem Naturtempelraum, den die Roßkastanie bildet, muß man noch zwei Bäume zählen, die an ihrer »stummen« Seite nebeneinander stehen. Als Torpfosten des imaginären Heiligtums sind beide symmetrisch in einer »V«-Form ausgebildet, als ob sie von einem Architekten gestaltet wären.

Als von der Schloßkapelle die Rede war, klang es wohl ganz natürlich, daß ein von Menschen erschaffener Raum so vollkommene symbolische und energetische Beziehungen verkörpert. Die wunderbare Architektur der vereinten Platanenkronen und die Skulptur der tanzenden Roßkastanie wurden aber von der Naturintelligenz erschaffen. Der Mensch ist da machtlos. Bei den vier Astkreuzen der beiden Platanen äußert sich die Kreativität der Natur sogar in einer Formensprache.

Ich meine, angesichts solcher Erscheinungen ist es nicht mehr möglich, der Natur nichts als die blinde Befolgung von Gesetzen zu unterstellen, den Menschen aber als eine schöpferische Intelligenz zu betrachten. Ein Baum kann wohl nicht aus sich heraustreten, um etwas Objektives zu gestalten – der Mensch kann es. Einem Naturwesen ist es jedoch möglich, sein eigenes Gewebe von innen heraus umzugestalten. So etwas kann ein Mensch mit dem eigenen Körper gar nicht vollbringen.*

Ich glaube, daß die Naturwelt und der Mensch zwei gleichwertige, jedoch unterschiedliche Schöpfungsquellen darstellen. Anders als die menschliche Kreativität hat die Naturschöpfung einen gemeinschaftlichen Charakter, sie ist nach Innen orientiert und gewöhnlich leise. Man kann sie oft nur gefühlsmäßig ertasten – deswegen ist es leicht, die Natur als eine Mitschöpfende zu übersehen und zu verleugnen. Die Schöpfungsweise der Natur ist weiblich.

Ausgehend von dem Brennpunkt vor dem Altar in der Kapelle bin ich bei meiner Suche nach Beziehungen zur Umwelt zu den beiden Naturtempeln geführt worden. Nun fragte ich mich, welche Verbindungen wohl der Yin-Brennpunkt in der Mitte des Bodenmosaiks aufzeigen würde.

Ich habe mich auf den Punkt gestellt und nach einer stillen Weile auch hier das Pendel laufen lassen. Zu meiner Überraschung konnte ich gar keine direkte Richtung wahrnehmen. Die leichten Schwingungen des Pendels deuteten an, daß ich mich nach links drehen sollte, einem Spiralweg folgend um den Mittelpunkt herum, bis der äußere Rand des Mosaiks erreicht war. Dann wurde ich direkt durch die Kapellentür geführt und in einem schönen Bogen über den Hof auf die Schloßbrücke zu, dann am linken Ufer des Schloßgrabens entlang bis zur Schwelle der Lindenallee, wo ein ähnliches Kreisen begann, wie zuvor in der Kapelle. Letztlich blieb ich auf einem Punkt stehen, der sich an der Alleenachse befindet.

Eine solche ätherische Linie, die an beiden Enden in eine Spirale mündet, wird Aquastatlinie** genannt. Es handelt sich aber nicht um eine Wasserlinie, wie der

---

* Es gibt allerdings Künste wie Tanz und Pantomime, in denen der Mensch sich der Weise annähert, in der die Natur schöpft.

** Der Begriff »Aquastat« wurde von dem englischen Archäologen und Wünschelrutengänger Guy Underwood erfunden. Vgl. sein Buch »The Patterns of the Past«.

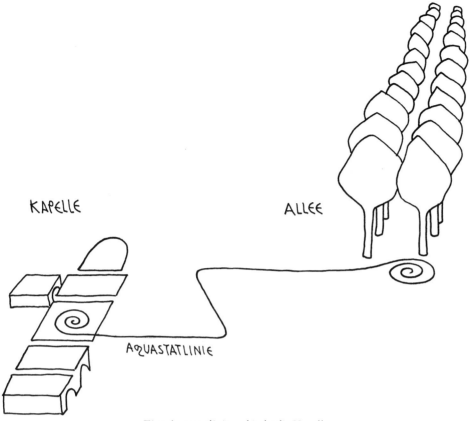

KAPELLE

ALLEE

AQUASTATLINIE

*Eine Aquastatlinie verbindet die Kapelle
mit der Lindenallee*

Name anzudeuten scheint. Aquastate begleiten oft Wasserströme und tanzen um sie herum, obwohl ihre Schwingung keine wässrige Qualität hat. Sie begleiten auch Energieströme und bilden Spiralen um Kraftpunkte herum. Sie stellen eine Art Kommunikationssystem innerhalb des Ätherbereichs dar, dadurch daß sie die verschiedenen Kraftbrennpunkte innerhalb eines Schwingungsfeldes miteinander verbinden.

Steht man an der mit der Kapelle verbundenen Schwelle zur Lindenallee und schaut in den Alleeraum hinein, so meint man, in eine gotische Kathedrale zu blicken. Der Verdacht liegt nahe, daß die Linden relativ dicht gepflanzt wurden, damit ihre schlanken und hoch gewachsenen Stämme wie gotische Säulen aussehen. Die beiden langen Reihen von »Säulen« bilden mit ihren vereinten Baumkronen hoch oben eine Wölbung, die unmittelbar an das Gewölbe einer gotischen Kathedrale erinnert. In dem engen Raum zwischen den beiden Lindenreihen können die Äste im unteren Stammbereich gar nicht nach innen wachsen. Folglich haben sie auf beiden Seiten der Allee nach außen weite, romanischen Bögen ähnelnde Äste getrieben. Auf diese Weise sind neben dem Hauptschiff der Lindenkathedrale links und rechts noch zwei Seitenschiffe entstanden.

Die Lindenallee wurde der Überlieferung nach zusammen mit der gesamten Parkanlage in der zweiten Hälfte des 19. Jahrhunderts gepflanzt.★ Sie läuft in Nordost-Südwest-Richtung auf einen von zwei Parkeingängen zu. Sie nimmt ihren Ausgang aber nicht am Schloßtor, wie bei anderen Schloßalleen üblich, sondern beginnt einfach am Ufer des Schloßgrabens. Deswegen erscheint ihr Ursprungspunkt oberflächlich gesehen sinnlos gewählt. Erst die energetische Betrachtung macht deutlich, warum der Ausgangspunkt der Allee genau dort fixiert wurde. Durch den Aquastaten, der an diesem Platz seine Spirale entfaltet, ist die Lindenkathedrale mit der Kapelle verbunden – die Lindenallee stellt eine weite Ausdehnung des Sakralraumes der Kapelle dar.

Die Lindenkathedrale

Die Allee ist aus 111 Lindenbäumen komponiert. Es sind 110 Winterlinden und eine einzige Sommerlinde. Die vollkommene Symmetrie der Allee wird durch die Sommerlinde peinlich verdorben, da sie aus der rechten Baumreihe herausragt und auch dicker und im Kronenbereich breiter gewachsen ist als ihre 110 Winterschwestern. Bei der ersten Schloßführung wurde sie uns als ein Pflanzungsfehler des damaligen Gartenarchitekten vorgestellt.

In der sakralen Atmosphäre der Lindenkathedrale erinnerte sich Mary Bauermeister, die bei der ersten Parkführung dabei war, an die Geschichte von den zwölf Aposteln Jesu Christi, von denen 11 Apostel »die Richtigen« waren, nur einer, der Judas, war »falsch«. So hat sie die »falsche« Linde Judaslinde getauft.

★ Wie schon erwähnt, sind auch alle Dokumente über den Park beseitigt oder versteckt worden.

*Die »falsche« Sommerlinde
auf der linken Alleeseite*

Die Analogie klingt anekdotisch, hat aber einen tiefen numerologischen Sinn. Die Summe »110 plus 1 = 111« kann man der Summe »11 plus 1 = 12 gleichstellen, weil die Null an sich keinen Wert hat.★ Weiter ist es möglich, die Zahlen 111 und

---

★ Hier handelt es sich nicht um mathematische, sondern um numerologische Beziehungen,
  wobei die Zahlen ihren Eigenwert auch in der Zusammensetzung behalten.

12 ohne weiteres zu vergleichen, weil sie beide einen Aspekt der Summe »11 plus 1« darstellen:

$$11 \text{ plus } 1 = 111 \text{ (111 Linden)}$$
$$11 \text{ plus } 1 = 12 \text{ (12 Apostel).}$$

Die Zahl 111 entspricht der Zahl der Baumstämme der Allee, die 12 war allerdings nirgends zu entdecken. Es sollte mehr als ein Jahr vergehen, bis ich während einer Morgenmeditation in der Kapelle bemerkte, daß um die Christussphäre in der Apsis zwölf Engelmusikanten schweben, wovon nur 11 Engel auf Instrumenten spielen. Der zwölfte Engel hat seine Trompete vom Mund abgesetzt und wendet sich von der himmlischen Sphäre ab. Damit ist also doch der zweite Aspekt der Summe »11 plus 1« vorhanden: 11 plus 1 = 12.

Der von Mary Bauermeister eingesetzten Analogie folgend, habe ich den »falschen« Engel Luziferengel benannt. Die Bibel erzählt nämlich, daß es im Reiche Gottes verschiedene Engelscharen gibt, darunter eine, die als falsch bezeichnet wird: die luziferischen★ Engel. Sie haben das kosmische Gesetz übertreten, wonach die unsichtbaren Weltenebenen scharf von der stofflichen Ebene getrennt sind, damit verschiedene Evolutionen – darunter auch die menschliche – sich relativ selbständig aus eigenen Kräften heraus entwickeln können. Die Luziferengel, heißt es, seien bis an die Schwelle der physischen Welt hinabgestiegen, da sie sich offensichtlich für die Lebensvorgänge interessierten, die sie als Engelwesen aber nichts angehen.

Dieser »verräterische« Vorgang ist durch den Luziferengel in der Apsis klar dargestellt. Er wendet sich von der Christussphäre ab und schaut mit einem neugierigen Blick auf das Bodenmosaik hinunter, das ja mit den Zeitzyklen und den Wandlungsprozessen der Materie ein Symbol der physischen Welt ist. Er hat dabei seine Trompete nicht nur abgestellt, sondern stützt sich mit der rechten Hand kräftig darauf, als ob sie ein Wanderstab wäre, der ihm auf dem ersehnten Weg in die materielle Ebene hinein helfen würde.

In diesem Zusammenhang möchte ich offen sagen, daß ich an der Bösartigkeit der luziferischen Engel ebenso zweifle, wie ich die Judaslinde nicht als eine falsche Linde annehmen kann. Der »falsche« Weg der Annäherung der luziferischen Engel an die irdische Welt wurde von der Menschheit als eine Annäherung des kosmischen Lichtes wahrgenommen, da die Menschheit in den letzten Jahrtausenden tiefer und tiefer in die Materie gesunken ist und dadurch die gesetzmäßige Verbindung zu den höheren Dimensionen nach und nach verloren hat. Unter diesen Umständen werden die luziferischen Engel als Lichtbringer empfunden, obwohl sie das kosmische Gesetz übertraten, um sich der materiellen Ebene anzunähern. Auch die griechische Mythologie kennt eine solche zwiespältige Figur, den Prometheus, der den Göttern das Feuer stahl, um den Menschen zu Licht und Wärme zu verhelfen. Auch er wurde dafür grausam bestraft.

★ Der Name »Luzifer« bedeutet Lichtbringer nach »lux« (Lat.) – das Licht und »ferre« – bringen. Er wurde nicht als ein Überbringer des Bösen bezeichnet, wie man es sich gewöhnlich vorstellt, sondern genau umgekehrt.

Die Engelmusikanten in der Apsis
mit dem »luziferischen« Engel

Was sich beim »falschen« Engel in der Komposition der Malerei ausdrückt, spiegelt sich auf der Schwingungsebene in der Judaslinde wider. Mißt man die Schwingungen in der Allee mit einem Radiästhesie-Instrument, so findet man, daß alle 110 Winterlinden eine Yang-Strahlung aufweisen, nur die Sommerlinde strahlt Yin. Sie schwingt »negativ« in bezug auf alle anderen Linden der Allee, die »positiv« schwingen.★

Hier wurzelt meine Schwierigkeit, das westliche Synonym »negative Kraft« für die Yin-Kräfte zu gebrauchen. Automatisch wird dadurch das weibliche Yin als schlecht bewertet. Ich muß zugeben, daß es tatsächlich auch zerstörerische Mächte gibt und werde später davon erzählen. Was aber die Kräfte betrifft, die innerhalb der Lebensprozesse den Gegenpol darstellen und in dieser Rolle »negativ« hervortreten, muß ich bekennen, daß ich sie liebe, denn nur durch sie werden uns Fehler bewußt gemacht – wenn auch oft auf eine schmerzliche Weise.

Die verblüffende Parallele zwischen der Judaslinde und dem luziferischen Engel stärkt die Vermutung, daß hinter der Gestaltung der Kapelle und des Parks ein einheitlicher Plan steht. Andererseits wird offenbar, daß die beiden Summen »110 plus 1« und »11 plus 1« ein und demselben Urbild entsprechen. Es muß sich um einen gewöhnlich durch irreführende Erklärungen verhüllten Aspekt des Gleichgewichts handeln, der zwischen den »positiven« und den »negativen« Kräften waltet. Die einen werden den Menschen als die richtigen (die rechten) und die anderen als die falschen (die linken) Kräfte vorgestellt. Diese Spaltung zwischen »gut« und »böse« ist eine weltbedrohende Vorstellung, die zwischen rechten und linken Weltanschauungen unterscheidet. In dieser Vorstellung von unversöhnlichen Gegensätzen liegt viel Übel begründet, darunter auch die ständige Kriegsgefahr.

Und doch ist die Sommerlinde keine »falsche« Linde. Sie straht zwar Yin, ist aber im Verhältnis zu den anderen, den Yang-Linden, keineswegs störend. Im Gegenteil, sie ist ein Segen für die Lindenallee. Durch ihre weiblich aufgeladene Schwingung inmitten des männlichen Energiefeldes der Lindenkathedrale stiftet sie ein Gleichgewicht, das die Allee von einem gewöhnlichen Parkgestaltungselement zu einem Kathedralenraum erhebt. Als schwingungsmäßiges Zeichen dieses sakralen Wertes verläuft mitten in der Allee, entlang der Alleeachse ein Strahlungsband, das schrittweise von Yin zu Yang und wieder zu Yin wechselt. Es zieht sich von der Schwelle bis zum Auslaufpunkt der Allee. Ein solches Yin-/Yang-Band kann man auch entlang der Längsachse gotischer Kathedralen finden.

Die Zahl 111 läßt sich numerologisch aber nicht nur unter zwei, sondern unter drei Aspekten betrachten:

$$110 \text{ plus } 1 = 111$$
$$11 \text{ plus } 1 = 12$$
$$1 \text{ plus } 1 \text{ plus } 1 = 3.$$

Man konnte aber für die dritte Variante keinen Anhaltspunkt innerhalb des Alleeraumes finden, bis sich Graf Godehard erinnerte, daß in seiner Jugend die

---

★ Praktisch wurde die Ausbalancierung der Lindenallee dadurch verwirklicht, daß man auf den einzigen Pflanzungspunkt der Allee, durch den eine Wasserader verläuft – und damit eine Yin-Schwingung erzeugt – eine Sommerlinde gepflanzt hat, da bekanntlich unter den Lindenarten die Sommerlinde auf einem Yin-Platz gut gedeiht.

Die Lindenallee

Lindenallee nicht einfach an dem Parktor auslief. Damals war noch eine »Apsis« auf der Verkehrsinsel, jenseits des Parktores vorhanden, da wo die Straßen ein Dreieck bilden. Dort standen früher drei Kastanien im Dreieck mit einem Kruzifix in der Mitte. Die Bäume wurden in den fünfziger Jahren abgehackt, um für den Straßenverkehr Platz zu machen, und das Kreuz wurde versetzt.

Die drei Kastanien stellten die Summe »1 plus 1 plus 1 = 3« dar – die Alleekomposition gipfelte in einem Symbol der Trinität. Durch das Kruzifix wurde der sakrale Gehalt der Apsis betont. Diese Kadenz ist für die wahre Bedeutung der Allee unentbehrlich, daher wurde im Rahmen der Parkrestaurierung die Gemeinde um Hilfe gebeten, damit die Baumapsis wiederhergestellt werden kann. Es wurde fest versprochen, bei dem bevorstehenden Straßenumbau die drei Kastanien wieder zu pflanzen und das Kruzifix wieder auf dem ursprünglichen Platz aufzustellen.

Wenn die Lindenallee eine Kathedrale wäre, dann stünde der Altar nicht unter den drei Kastanien der Verkehrsinsel, weil dort ein Yin-Brennpunkt pulsiert. Dem Standpunkt des Priesters vor dem Altar der Kapelle entspricht ein Yang-Punkt, der zwischen den beiden letzten Linden der Allee innerhalb des Parktores liegt. An dem Punkt kommt wieder ein Aquastat zustande in Form einer rechtsdrehenden Spirale.

Die Spirale läuft mit der Richtung der Alleeachse, und der Aquastat begleitet die Achse eine Weile, biegt aber bald rechts ab und folgt einem Seitenweg, bis er noch einmal scharf abbiegt und in der Mitte eines Lindenkranzes die Endspirale bildet. Der Lindenkranz hat einen achteckigen Grundriß. An sieben Ecken sind Winterlinden gepflanzt worden, die offenbar das gleiche Alter aufweisen wie die Linden der Allee. Die achte Ecke – wo der Aquastat in den Siebenlindenkranz einfließt – ist frei geblieben.

Die achteckige Architektur des Lindenkranzes entspricht dem für gewöhnlich achteckigen Baptisterium, wie man es als selbständigen Bau bei italienischen Kathedralanlagen findet. Daß es sich hier aber nicht nur um eine historische Nachahmung handelt, wird einem bewußt, wenn man die Stämme der sieben Linden sorgfältig betrachtet. Der Stamm der mittleren Linde teilt sich weiter oben in drei Stämme auf. Die rechten drei Linden sind einstämmig, symmetrisch dazu sind die drei linken Linden zweistämmig. Es ist zweifellos die Schöpfung der Naturintelligenz, die aus der von den Menschen angelegten Zahl Sieben die Zahl Zwölf hervorgebracht hat:

$$(1) \text{ plus } (3) \text{ plus } (3) = 7$$
$$3 \text{ plus } 3 \times 1 \text{ plus } 3 \times 2 = 12$$

Alle drei Zahlen – Sieben als die Zahl der Linden, Acht als die Zahl des Grundrisses und Zwölf als die Zahl der Lindenstämme – findet man im Altarraum der Kapelle wieder.* Der Brennpunkt des kosmischen Strahles vor dem Altar ist durch ein *Achteck* bezeichnet. Darüber befindet sich auf dem Sockel der Mensa ein Mosaik, das die Lebensquelle darstellt, aus der sieben Ströme quellen. Sie bezeichnen sieben Stufen der Einweihung auf dem persönlichen Entwicklungsweg, die mit den sieben biblischen Schöpfungstagen übereinstimmen als deren mikrokosmische Entsprechung.

---

* Daß es sich bei dem Lindenkranz um ein imaginäres Baptisterium handelt, deutet die Symbolik der drei Zahlen an, da sie auch bei der Taufe als die leitenden Zahlen vorkommen: Die Sieben als die Zahl der Einweihung, die Acht als die Zahl der Vervollkommnung und die Zwölf als die Zahl des Zieles des geistigen Weges.

Das »gotische Gewölbe« des Siebenlindenkranzes.
Links die drei einstämmigen, rechts die drei zweistämmigen Linden

Beide Zahlen, die Sieben und die Zwölf, sind uns schon in der Kapelle begegnet. Die Zahl Sieben wurde im Zusammenhang mit dem Modell des 7-dimensionalen Universums erörtert, das sich in den Umpolungen auf der Kapellenachse offenbart. Die Zahl Zwölf kommt in den zwölf Engelmusikanten vor, die die Christussphäre innerhalb des Apsisgewölbes umkreisen. Diese Verteilung um die kosmische Sphäre herum entspricht den zwölf Tierkreis-Urkräften, die das solare System umkreisen. Dasselbe Urbild spiegelt sich in der Zahl Zwölf der Apostel, die Christus während seiner Verkörperung auf dem Erdplaneten umgaben.

Was aber den Übergang von der Zahl Sieben zu der Zahl Zwölf betrifft, den die Naturintelligenz im Lindenkranz auf so wunderbare Weise vollbracht hat, so kann man darin ein Symbol der Übersetzung des 7-dimensionalen in das übergeordnete 12-dimensionale Modell des Universums erkennen. Das 7-dimensionale Modell ist aus der irdischen Perspektive gebaut. Von den vier Dimensionen der physischen Ebene über die ätherische und urelementare Ebene wächst die Komplexität der Weltganzheit, bis man zur siebten, der geistigen Dimension gelangt.

Von der siebten Dimension aus gesehen, wandelt sich das 7-dimensionale in das 12-dimensionale Modell. Nun stellen die vier Raum- und Zeitdimensionen eine einheitliche physische Dimension dar. Zählt man dazu die ätherische und die urelementare Ebene, so erhält man die drei Dimensionen der kosmischen★

★ Mit dem Ausdruck »kosmisch« wird betont, daß mit Manifestation nicht nur die Verwirklichung durch Verkörperung gemeint ist, sondern auch durch eine Schwingungsform bzw. durch ein urbildliches Kraftmuster.

Manifestation. Sie werden durch die drei einstämmigen Linden des Kranzes vertreten. Die mittlere dreistämmige Linde steht für die höchsten drei Ebenen des Alls, für die göttliche Trinität. Die linken drei Linden des Kranzes, die zweistämmig sind, entsprechen den drei mal zwei geistigen Dimensionen, von denen später die Rede sein wird im Zusammenhang mit den Intelligenzen, die schwingungsmäßig bei den Schöpfungsvorgängen im Park mitwirkten.

Wie schon zu erwarten, ist die Schwingungswelt des Siebenlindenkranzes außerordentlich reich. Man kann mindestens zwei Schichten von Strahlung erspüren. In der Mitte des Kranzes tritt wieder der Herzschlagrhythmus hervor, wie auf dem Punkt zwischen den beiden Platanen. Die Schwingung läßt sich einer Lichtsäule ähnlich senkrecht herab. Die vereinten Kronen der sieben Linden bilden hoch oben so etwas wie ein gotisches Gewölbe, dem aber der Schlußstein fehlt. Statt dessen ist an der Stelle des Schlußsteines ein rundes Loch, durch das sich der kosmische Strahl herabläßt. Bei der vorhandenen Kronendichte müßten die Linden das Loch schon längst zugewachsen haben, wenn der Wachstumstrieb nicht dem »brennenden« Strahl ausgewichen wäre.

Die zweite Schwingungsschicht wird als waagrecht empfunden. Als Folge der sich von der urelementaren Ebene herablassenden kosmischen Schwingung in der Mitte des Lindenkranzes entspringen dort im Erdbereich acht Ley-Linien, die den Kranz sternförmig verlassen und ihn mit acht Yang-Kraftpunkten des Parks verbinden. Darin scheint der achteckige Grundriß des Siebenlindenkranzes energetisch begründet zu sein.

Zwei der acht Ley-Linien aus der kosmischen Quelle im Lindenkranz sind für die Komposition der gesamten Lindenanlage wichtig. Eine von ihnen läuft auf die Stelle am Ende der Allee zu, die ich als Altarstelle bezeichnet habe. Die zweite vibriert entlang der Lindenkranzachse, die durch den imaginären Standort der nicht existierenden achten Linde verläuft. Weiter südlich kreuzt sie die Alleeachse und führt ihre Kraft über die Grenze des Parks hinaus. Jenseits der Grenze breitet sich ein verwildertes Gelände aus, das ursprünglich als zweiter Parkteil vorgesehen war, aber nie als solcher bepflanzt wurde.★

Mitten durch das riesige Gelände – das hoffentlich in der Zukunft noch zum Park belebt wird★★ – verläuft die ost-west-orientierte Ley-Linie, die aus der Erzählung von der ausdrucksstarken Drachenlinienkreuzung im Hirschpark (tanzende Roßkastanie) bekannt ist. An sie schließt sich die Ley-Linie aus dem Siebenlindenkranz an.

Die beiden Ley-Linien aus dem Lindenkranz wurden zusammen mit den zwei Drachenlinien aus dem Hirschpark benutzt, um die ganze Lindenanlage mit kosmischer Strahlung zu energetisieren. Ich bin der Ansicht, daß die ganze Anlage einschließlich der Alleeachse und der Verbindung zu der Schwingungs-

---

★ Es gibt einen zeitgenössischen Plan des Parks, unterzeichnet von dem kaiserlich-russischen Hofgärtner Friedrich Schulz. Er entspricht nur formal dem zwischen 1860 und 1880 angelegten Park. Daraus kann man jedoch ersehen, daß diesem nicht realisierten Parkteil eine wichtige Rolle in der Ausbalancierung der Gesamtanlage zugemessen wurde.

★★ Zur Zeit wird an der Planung für diesen nie realisierten Parkteil gearbeitet, der nun im Einklang mit den hier geschilderten Erkenntnissen und unter Berücksichtigung des überlieferten Originalplans gestaltet und bepflanzt werden soll.

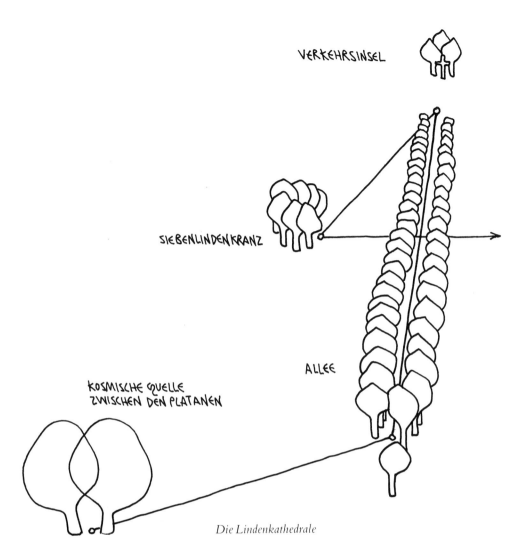

Die Lindenkathedrale

quelle zwischen den zwei Platanen von den unbekannten Architekten des Parks künstlich geschaffen wurde. »Künstlich« meine ich wörtlich: etwas, das durch die Kunst entsteht.

Ich bin tief davon überzeugt – und habe dazu eigene Erfahrungen, von denen ich später berichten werde –, daß das Schwingungsmuster der sogenannten Ätherbereiche nicht statisch festgelegt ist, sondern durch schöpferische Beziehungen immer neu entsteht. Es ist wohl die Naturintelligenz, die da als erste schöpferisch tätig ist. Für den Menschen bedeutet es schon einen wichtigen Schritt, wenn er sich der Existenz der Schwingungsphänomene bewußt wird und sich bemüht, ihre Muster bei seinen Planungen zu respektieren, um ihre Wirkung in sein Schöpfungswerk einzubeziehen.

Man muß sich aber klarmachen, daß im Inneren des Menschen dieselben Schöpfungskräfte walten, wie sie die Naturintelligenz gebraucht, um beispielsweise eine Ley-Linie durch die Landschaft zu ziehen. Gewöhnlich setzt der

Mensch aber seine intuitive Fähigkeit nicht ein, um sich in die universale Ganzheit eines Bereiches einzuschwingen und dadurch zu erfahren, wie man eine Idee im Einklang mit dieser Ganzheit verwirklichen kann.

Praktisch wurde die Energetisierung der Lindenanlage auf geometrische Raumgestaltung gegründet. Alle anderen Teile des Parks sind organisch konzipiert, nur innerhalb der Lindenanlage gibt es die zwei langen parallelen Baumreihen der Allee und das Achteck des Siebenlindenkranzes. Dazu zählt noch der zickzack verlaufende »rote Faden« der Lindenanlage, der durch die Gedankenkraft des Künstlers in die Ätherebene des Geländes eingeschrieben ist. Dieser Gedankenfaden ist das bestimmende Prinzip für den Verlauf der Ley-Strahlung, die die ganze Anlage schwingungsmäßig belebt.

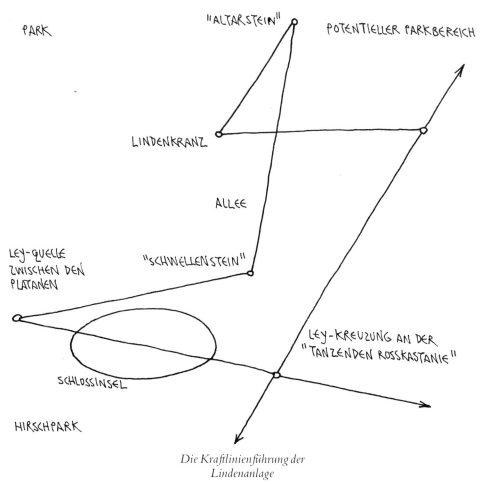

Die Kraftlinienführung der Lindenanlage

Der Gedankenfaden verläuft von der Ley-Linienquelle zwischen den beiden Platanen zu dem beschriebenen Aquastatpunkt an der Schwelle der Allee, dann entlang der Alleeachse bis zu dem Altarpunkt zwischen den beiden letzten Linden. Von da aus wendet sich der Faden dem Siebenlindenkranz zu. Dort wandelt er seine Richtung, um sich der ost-westlich verlaufenden Ley-Linie zuzuwenden, die den potentiellen Parkbereich durchzieht.

Die beiden Ley-Linien, die sich im Hirschpark kreuzen, stellen zwei Arme dar, zwischen die das Ley-Liniensystem der Lindenanlage gewoben ist. Man kann sich vorstellen, daß die einzelnen Elemente der Anlage von beiden Ley-Linien her energetisiert werden. Als dritte Quelle kommt die sternförmige Quelle im Lindenkranz hinzu. Die Anlage funktioniert tadellos: wo immer man sich entlang dem Ley-Faden mit den Drehwinkelsonden hinstellt, überall spürt man den bekannten Ley-Linienimpuls.

Man fühlt aber innerlich, daß es sich nicht um ein bloßes Gestaltungsspiel handelt. Da wurde mitten in der Erftlandschaft ein reiches Energiefeld ins Leben gerufen, das in unterschiedliche Strahlungsbrennpunkte und Schwingungskanäle gegliedert ist. Solche umfangreichen Tempelanlagen kennen wir von zahlreichen alten Kulturvölkern, wie zum Beispiel den Mayas. Auch dort baute man sakrale Anlagen mit verschiedenen Heiligtümern und dazwischen verlaufenden Zeremonialwegen. Man kann sich vorstellen, daß sie angelegt wurden, um die »Übersetzung« der kosmischen Kräfte in die vier Dimensionen der irdischen Ebene zu intensivieren. Andererseits boten sie dem Menschen die Gelegenheit, innerlich den Wesenheiten und Vorgängen zu begegnen, die unser Leben von höheren Dimensionen aus entscheidend mitgestalten, und durch die Begegnung ihre Wirkung im eigenen Selbst und im Körper zu beschleunigen.

Ich vermute, daß auch die Lindenanlage in Türnich aus einem ähnlichen Grund so gestaltet worden ist. Als Menschen haben wir sicher dieselben Urbedürfnisse wie unsere Vorfahren: wir leben, wir lieben und wir schaffen. Der Unterschied mag nur sein, daß unsere Zivilisation dazu neigt, die geistigen Quellen für die Befriedigung dieser Urbedürfnisse zu verleugnen.

Die Tempelanlage in Türnich erinnert stark an das keltische Modell des Naturtempels, da hier wie bei den Kelten die Naturelemente den Baustoff der Anlage bilden und nicht die Architekturmittel.★

Unter den Gestaltungselementen eines Naturtempels sind drei am wichtigsten: die Baumbepflanzung, die Gestaltung der Erdoberfläche und die Steinsetzung.

Was die Bäume als Bauelemente eines Naturtempels betrifft, so geht es um eine schwingungsmäßige Steigerung der Funktion, die sie bereits auf der physischen Ebene ausüben: die Umwandlung der Sonnenstrahlung in Stärke durch Fotosynthese. Wenn diese Funktion zu einer qualitativen Steigerung angeregt wird, können die Bäume auch eine »Übersetzung« der höheren kosmischen Schwingungen bewirken. Es handelt sich um Schwingungen, die ein Mensch gewöhnlich nicht erspüren und dadurch auch nicht in sein Energiefeld hineinnehmen kann. Sie werden in einen Schwingungsbereich »übersetzt«, den der Mensch intuitiv erreichen kann.

Um diese Übersetzungsfähigkeit eines Baumes anzuregen, kann man ihn entweder auf einen bestimmten Strahlungspunkt pflanzen – wie es mit der »falschen« Linde geschah –, oder man kann Bäume durch gezielte Energieführung auf der ätherischen Ebene in die entsprechende Schwingung einschwingen, wie es mit

---

★ Interessanterweise ist der Name »Türnich« als einziger in der Gegend keltischen Ursprungs. Man könnte die Naturtempelanlage von Türnich als intuitiv aus dieser Tradition heraus gewachsen verstehen.

Bäume im Park

den 110 Winterlinden der Türnicher Tempelanlage gemacht wurde. Unter solchen Umständen werden Bäume zu ausgezeichneten Vermittlern der kosmischen Kräfte für das Erdenleben. Auch die Menschen werden dadurch reich beschenkt, wenn sie sich die Zeit nehmen, hie und da in der Stille unter ihren Baumgeschwistern zu verweilen.

46

Pierre Teilhard de Chardin / Grenzgänger zwischen Naturwissenschaft und Theologie

Oskar Schroeder

Fern von Frankreich, im amerikanischen Exil, starb 1955 Teilhard de Chardin, der gelehrte Jesuit — Naturforscher und Mystiker in einer Person —, dessen geistiges Vermächtnis Gläubige und Ungläubige noch Jahrzehnte faszinieren wird. Nicht mehr als zehn Personen gaben ihm nach einer stillen Messe das Geleit zum Grabe. Bis heute blieb er in seiner Kirche (soweit es sich um die amtliche Kirche handelt, die vor seinen Schriften warnte) heimatlos, aber auch den evangelischen Theologen ist er durchweg ein Fremdling. Die meisten Fachwissenschaftler lassen diesen Grenzgänger zwischen Naturwissenschaft und Theologie links liegen. Nichtsdesto-weniger wächst das Interesse für ihn unaufhörlich, und die Literatur über Teilhard ist bereits unübersehbar. Ein fast hundertköpfiges Komitee hat sich für die Ver-öffentlichung seiner mehr als fünfhundert Schriften und Aufsätze eingesetzt. Sie wurden der Öffentlichkeit vor seinem Tode zum größten Teil vorenthalten.

1881 auf einem Landschloß in der Auvergne geboren, wuchs Teilhard de Chardin in einem von traditionellem Katholizismus und mystischer Frömmigkeit geprägten geistigen Klima auf. Einer seiner Urahnen war Voltaire, dessen Spott und Ironie sich jedoch nicht auf ihn vererbten. Schon früh fühlte er sich von allem ange-zogen, was beständig war, aber abgestoßen von allem Veränderlichen und Ver-gänglichen. Als Knabe verehrte er ein von ihm gefundenes Eisenstück. Später ver-drängte der Stein das Eisen, weil das Mineral für ihn — viel mehr noch als das Metallfragment — die allgegenwärtige, unzerstörbare Materie verkörperte. Auf der Schulbank interessierte ihn der Katechismus weniger als die Gesteinswelt, so daß er — obschon ein Musterschüler — seinem Lehrer P. Henri Brémond oft geistes-abwesend erschien: »Ich habe erst viel später das Geheimnis hinter dieser schein-baren Gleichgültigkeit erfahren. Er hatte eine andere, fesselnde und zeitraubende Leidenschaft, die ihn fern von uns leben ließ«. Nach Absolvierung eines von Je-suiten geleiteten Gymnasiums, an dem die Naturwissenschaft eine besondere Pflege erfuhr, trat er in den Jesuitenorden ein, ein Entschluß, der seinem Streben nach dem »Vollkommenen« entsprach und ihn offenbar nie gereut hat, so viel Bitteres er auch erleiden mußte. Die Tragik seines Schicksals lag darin, daß er geistig in we-sensverschiedenen Bereichen wurzelte. »Meiner geistigen Erziehung und Bildung nach gehöre ich den ›Kindern des Himmels‹ an. Aber meinem Temperament nach und durch meine Fachstudien bin ich ein ›Kind der Erde‹«. In seiner Autobiographie berichtet er von diesem Konflikt und seinem rührenden Bemühen, den weltflüch-tigen Charakter der »Nachfolge Christi«, die ihm als morgendliche Meditation diente, mit seiner Neigung für die Natur in Einklang zu bringen. Als Novize in Jersey (England) erwog er ernstlich, völlig auf die Wissenschaft von Steinen zu verzichten, um sich ganz den sogenannten »übernatürlichen Bestrebungen« zu widmen; aber vor dieser Entgleisung bewahrten ihn sein vernünftiger Novizenmeister und sein sicherer Instinkt.

Als er, um Physik zu lehren, nach Kairo geschickt wurde und eintauchte in den schillernden Strom des Orients »mit seinem Licht, seinen Pflanzen, seiner Tierwelt und seinen Wüsten«, wo »ringsum die millionengestaltigen Kräfte von zeitloser Landschaft und Kultur vibrieren«, trat wie eine Versuchung die Frage an ihn heran: »Ist nicht Stein, Pflanze, Tier, Geist und Gott im absolut selben Raum, auf derselben Ebene ... Ist nicht alles Gott?« In dieser Krise schlägt in ihm »wie ein Keim von irgendwoher aufschießend«, wohl auch unter dem Einfluß Bergsons, die Idee der Evolution Wurzel, die Erkenntnis, daß die Gesamtheit der Welt um uns in einem absolut unaufhaltsamen Werden begriffen ist. Jahrtausende hindurch — bis zu Descartes, Leibniz und Kant — herrschte ein statisches Weltbild vor, erschien die Welt als ein System von Ordnungen: Gott glich einem »Großgrundbesitzer, der seine Ländereien, die Welt, bewirtschaftete«. Teilhard versucht nun, bisher für un-überbrückbar geltende Gegensätze — Geist/Materie, Körper/Seele, Bewußtes/Un-bewußtes — aus ihrer strengen Polarität zu lösen, zu versöhnen und sie in einen organischen Zusammenhang zu bringen. Er wollte, Arzt seiner Zeit, das in einer »religiösen Schizophrenie« zerspaltene Bewußtsein des Menschen heilen und eine »mumifizierte Theologie« überwinden. Der von den Griechen übernommene Dualis-mus (Geist contra Materie), ein nie gelöstes Problem des abendländischen Den-kens, das sich bis heute in unseren Denkprozessen, in unserer Lebenshaltung, un-seren politischen und sozialen Strukturen auswirkt, wird von Teilhard als ein »fal-sches« Problem erkannt. Materie und Geist sind ihm »nicht zwei Dinge, sondern zwei Zustände, zweierlei Antlitz desselben kosmischen Stoffes«, ja er kommt zu der Überzeugung, »daß die fortschreitende Vergeistigung der Materie einen absoluten Vorgang darstellt, bei dem kein Rückschritt möglich ist« (Viallet, »Zwischen Alpha und Omega«). Das bedeutet einen Sieg über den Weltpessimismus des Existentia-lismus, über die Erd-Verneinung in all ihren Formen. »In Teilhard stehen wir vor einem Christen, der aus tiefstem Inneren sagt: Die Welt ist gut und entwickelt sich immer mehr zum Besseren«.

Sein Erlebnis als Sanitäter im ersten Weltkrieg an der Front — diesem »Schmelz-tiegel von Millionen von Menschen« — brachte ihm eine neue Erkenntnis: Die Ent-deckung des »Riesenmoleküls Menschheit«. Die Menschheit erscheint ihm nicht als eine zufällige Summe von Individuen, sondern als eine biologische Einheit. Der einzelne ist nicht mehr der absolute Gipfel der Evolution, auch nicht »die Krone der Schöpfung«, sondern es ist etwas im Werden, das über den einzelnen hinausgeht, ein Superhumanes, das er am Ende seines Buches »Das kosmische Leben« als »Omega« bezeichnet, das, worauf die ganze Weltentwicklung konvergiert. In seinen nichtfachwissenschaftlichen Schriften schlüsselt er dieses Rätselwort auf. Es be-deutet nichts anderes als den »universalen Christus«, den Gipfel der Kosmogenese und Anthropogenese. Diese seine Vision eines teils immanenten (evolutiven), teils transzendenten Christus ist so entscheidend, daß nur von dieser Herzmitte seines Denkens aus ein Verständnis des »Phänomens Teilhard de Chardin« zu gewinnen ist. Er war ja im Grunde weder ein reiner Fachwissenschaftler der Paläontologie — so Bedeutsames er für diese Wissenschaft auf seinen Forschungsreisen geleistet hat — noch ein Fachtheologe, sondern ein religiöser Denker. Seine Schriften sind nicht Lehrschriften, sondern Zeugnisse eines Mystikers. Er sucht das »Aufwärts« zum jenseitigen Gott, das heißt: den spirituellen Aufstieg des Menschen zur Voll-endung in Gott, mit dem »Vorwärts«, das heißt: dem Fortschritt des Menschen in der Gesamtevolution des Kosmos, kurz: den transzendenten und den immanenten

Gott zusammenzuschauen. Der Weg zu Gott, so schreibt er immer wieder, führt nicht, wie der traditionelle Christ meint, in einem Aufschwung nach oben fort in den Himmel, sondern er führt nur über die Erde, über die Arbeit an ihrer Zukunft, an ihrer Humanisierung. An die Stelle der Mystik der »Loslösung« tritt eine Mystik des »Hindurchganges« (»Der göttliche Bereich«). Den Konflikt zwischen dem traditionellen Gott der Offenbarung, beziehungsweise einer »mumifizierten Theologie«, und dem »neuen« Gott der Evolution, löst er also durch eine erneuerte Christologie, wobei er sich (vielleicht nur mit halbem Recht) auf Paulus (1. Kor. 15, 26—28) beruft (»Die Zukunft des Menschen«). Der auferstandene und kosmische Christus ist für ihn zugleich Motor (Alpha) und Ziel (Omega) der Evolution. Die letzte Triebkraft dieser Evolution ist die Liebe, die schon als Anziehung im Atom wirksam ist. Er bricht einmal in den lyrischen Ruf aus: »O, die heilige Wallung des Atoms, die im Grunde seiner selbst das Antlitz des Universums entdeckt. Welch wunderbares Gemurmel, vermöchten wir es zu vernehmen, in diesem zahllosen Seufzen, das unsere Geburt vorbereitet hat, vermengt mit den zahllosen Rufen, die zu uns aus der Zukunft herabkommen« (»Die Schau in die Vergangenheit«).

Es fehlt uns der Raum, um den wissenschaftlichen Unterbau seiner Konzeption im einzelnen darzulegen. Dieser Unterbau weist gewiß in manchen Details Mängel auf (Portmann), ist aber von Teilhard nie als fertiges System verstanden worden. Ohne Bezug auf die Gesamtschau Teilhards, also rein für sich betrachtet, hat sein naturwissenschaftlicher Entwurf nichts wesentlich Neues gegenüber der bisherigen Forschung gebracht, sondern nur den konsequenten Evolutionismus bestätigt. Aber mit Recht sagt sein langjähriger Freund Viallet, daß »die Gedankenwelt Teilhards unverständlich und sinnlos bleibt, wenn man sie nicht als eine Weltanschauung betrachtet, die sich um den Christus-Glauben — ›L'idée christique‹ — polarisiert«. Eingebettet in diese Gesamtschau des Mystikers erhält der Evolutionismus, der im Marxismus rein deterministisch gedeutet worden ist, nun ein anderes, ein personales Gesicht. »Die kosmische Evolution verfolgt ein Werk von persönlichem Charakter« heißt es in »L'Energie du humain«. Für Teilhard wird die Evolution nur verständlich als ein Prozeß, der — anhebend im Atom als einem schon zentralisierten System — aufgrund der Gesetze der zunehmenden Komplexität und der Sozialisierung (der »Vereinigung«) durch einen Transformismus aufsteigt von der Vitalsphäre zur »Noosphäre« — in der der Mensch als die zum Bewußtsein ihrer selbst gewordenen Evolution erscheint — nachdem die Gehirnstruktur ihre höchste Komplexität erreicht hat, um dann zwar morphologisch vertikal zum Stillstand zu kommen, aber horizontal weiterzugehen in Richtung auf ein kollektives, planetarisches Bewußtsein, auf einen aus Personen bestehenden Überorganismus, der die Grundlage zu einem universalen Christus — zum Omega — bildet. Hier einen sich das Omega der Erfahrung und das Omega des Glaubens, »um das gesamte Kosmische zu amorisieren« (Cuénot). Diese Synthese war schon in seinem Werk »Der Mensch im Kosmos« in folgenden beiden Sätzen vorbereitet, die man miteinander gedanklich verbinden muß: »Mit den Kräften der Liebe suchen die Fragmente der Welt einander, auf daß sich die Welt vollende« und: »Je mehr der Mensch zum Menschen wird, um so unbedingter wird er fordern (!), daß er sich nur nach etwas grenzenlos und unzerstörbar Neuem hinbewegt. Ein ›Absolutes‹ findet sich schon in das Spiel des Wirkens einbezogen.« Diese Verschweißung von Wissenschaft und Mystik »inmitten eines Stromes befreiter evolutiver Kraft«, diese Ausweitung des Kosmischen zum »Christlichen«, in der »Christus kosmisch wird, während der chri-

Pierre Teilhard de Chardin

stifizierte Kosmos Gegenstand der Liebe wird«, sieht Teilhard voraus und erwartet es (»Das Christische«, 1955), und diese Synthese ist es, die viele bisher vom Zwiespalt zwischen Wissen und Glauben bedrängten Christen fasziniert und die selbst den Marxisten Garaudy bewogen hat, seinen Marxismus von Grund auf zu überdenken (in seinem Buch »De l'anathème au dialogue. Un marxiste s'adresse au Concile«).

Unser »Pilger der Zukunft« hielt das zwanzigste Jahrhundert keineswegs für irreligiös, sondern für wahrscheinlich religiöser als alle andern: »Nur hat es noch nicht den Gott gefunden, den es anbeten könnte ... Die einzige Möglichkeit, den Kommunismus zu überwinden, liegt darin, Christus so darzustellen, wie er sein muß, kein Opium, sondern wesentliche Triebkraft einer Hominisation, die sich energetisch nur in einer am Gipfel geöffneten »amorisierten Welt vollenden kann« (Cuénot). Er fühlte sich »bedingungslos solidarisch mit denen, die für glaubenslos galten, von denen er aber wußte, daß sie an den ›Gott des Vorwärts‹ glaubten. Weil er den ›Gott des christlichen Glaubens‹ mit dem ›Gott des menschlichen Handelns‹ vereinte, gelang es ihm, ein ganzer Mensch, leidenschaftlich Mensch im weiten und tiefen Sinne des Wortes zu sein«. Als ein solcher war er dann auch das Vorbild für die französischen Arbeiterpriester, die ihr geistiges Rüstzeug von ihm, dem »Forscherpriester«, erhielten.

Bibliographie

Schriften von Teilhard de Chardin

Werkausgaben

Bd. 2: Der göttliche Bereich. Ein Entwurf des inneren Lebens. 6. Aufl. Lw. DM 17.-.
Bd. 3: Das Auftreten des Menschen. 364 S. Lw. DM 24.-.
Bd. 4: Die Schau in die Vergangenheit. 397 S. Lw. DM 24.-.
Bd. 5: Die Zukunft des Menschen. 405 S. Lw. DM 23.-.
Bd. 6: Die menschliche Energie. 370 S. Lw. DM 24.-.
Bd. 7: Die lebendige Macht der Evolution. 370 S. Lw. DM 27.-.
Alle Freiburg: Walter 1963-1967.
Auswahl aus dem Werk. Aus d. Franz. Mit e. Nachw. v. Karl Schmitz-Moormann. Frankfurt: Fischerbücherei. 192 S. kart. DM 2.80.

Briefe

Briefe aus Ägypten 1905-1908. Mit e. Vorwort v. Henri de Lubac. 1965. 228 S. Lw. DM 21.80.
Entwurf und Entfaltung. Briefe aus d. Jahren 1914 bis 1919. Hrsgg. v. Alice Teillard-Chabon u. Max Henri Bégouën. Einl. v. Claude Aragonnès. 1 Ktn.-Skizz., 4 Bildtaf. 1963. 372 S. Lw. DM 28.50.
Geheimnis und Verheißung der Erde. Reisebriefe 1923 bis 1939. Gesamm. u. dargeb. v. Claude Aragonnès. Mit 1 Kt. u. 1 Titelbild. 4. Aufl. o. J. XIII, 262 S. Lw. DM 18.50.
Pilger der Zukunft. Neue Reisebriefe 1939-1955. Ges. u. dargeb. v. Claude Aragonnès. 4. Aufl. 1965. 175 S. Lw. DM 13.80.
Alle Freiburg: Alber.

Einzelschriften

Die Entstehung des Menschen. 6 Abb. 4. Aufl. München: Beck 1966. 129 S. Lw. DM 10.80.
Lobgesang des Alls. 2. Aufl. Freiburg: Walter 1966. 92 S. Lw. DM 8.50.
Der Mensch im Kosmos. 7. Aufl. Mit 4 Abb. u. 1 Titelbild. München: Beck 1964. XVI, 311 S. Lw. DM 18.50; Sonderausg. Lw. DM 13.80.

Bücher über Teilhard de Chardin

Ernst Benz: Schöpfungsglaube und Endzeiterwartung. Antwort auf Teilhard de Chardins Theologie der Evolution. München: Nymphenburger Verl. Hdlg. 1965. 274 S. kt. DM 15.80; Lw. DM 16.80.
Georges Crespy: Das theologische Denken Teilhard de Chardins. Aus d. Franz. 2. Aufl. Stuttgart: Schwabenverlag 1964. 343 S. Lw. DM 16.80.
Claude Cuénot: Pierre Teilhard de Chardin, Leben und Werk. Aus d. Franz. Mit 8 Portr. u. 22 Ktn., Faks. u. Zeichn. Freiburg: Walter 1967. 808 S. Lw. DM 48.-.
Bernhard Delfgauuw: Teilhard de Chardin und das Evolutionsproblem. Aus d. Holl. 2. Aufl. München: Beck 1966. 132 S. Pbck. DM 6.50 (Beck'sche Schwarze Reihe).
Armin Müller: Das naturphilosophische Werk Teilhard de Chardins. Seine naturwissenschaftlichen Grundlagen und seine Bedeutung für eine natürliche Offenbarung. Freiburg: Alber 1964. 327 S. Lw. DM 26.80.
Adolf Portmann: Der Pfeil des Humanen. Über Pierre Teilhard de Chardin. 6. Aufl. Freiburg: Alber 1965. 60 S. Pp. DM 5.80.
Oliver A. Rabut: Gespräch mit Teilhard de Chardin. Naturwissenschaftliche, wissenschaftliche, philosophische und theologische Diskussion seines Werkes. Aus d. Franz. 2. Aufl. Freiburg: Herder 1963. 236 S. Lw. DM 17.80.
N. M. Wildiers: Teilhard de Chardin. Aus d. Franz. 7. Aufl. Freiburg: Herder 1966. 134 S. kt. DM 2.80 (Herder-Bücherei).

Ein Beispiel für die kunstvolle Gestaltung der Erdoberfläche bietet der Siebenlindenkranz in Verbindung mit den zwei dazugehörigen Wiesen. Da der Park im Flachland liegt, wurde der flache Hügel, auf dem das Achteck des Lindenkranzes angelegt ist, offensichtlich künstlich erbaut. Der Kranz stellt von außen gesehen eine dicke Säule dar, die zusätzlich auf der Anhöhe steht. Durch diese gesteigerte Vertikalität entsteht eine Yang-Schwingung, die intensiv in die Umgebung ausstrahlt.

Als komplementär dazu wurde die große Wiese, die hinter dem Lindenkranz liegt, leicht vertieft und damit tellerförmig gestaltet. Eine »negative« Form wie die sanfte und weit ausgedehnte konkave Form dieser Wiese strahlt Yin. Die Yang-Schwingung der konvexen Form des Lindenkranzhügels stellt ihren Gegenpol dar.

Die Yin-Rundform gießt sich an ihrem unteren Rand um in eine weitere, noch flacher konkav gestaltete Wiese. Der Übergang von der einen zur anderen Yin-Fläche wird durch ein gewaltiges Eichentor markiert, das aus zwei Paaren von je zwei Roteichen besteht. Im Grundriß bilden die beiden Schwesterwiesen die Form einer »9«. Warum 9?

Die 9-förmige Wiesenkomposition erstreckt sich parallel zu der Lindenallee. Obwohl die beiden Anlagen durch einen schmalen Zwischenbereich optisch voneinander getrennt sind, stellen sie die zwei komplementären Teile des Türnicher Naturtempels dar. Sie ergänzen einander, da sie gegensätzlich polarisiert sind. Die Allee schwingt vorwiegend Yang und ist durch einen einzigen Yin-Punkt, die Judaslinde, ausgeglichen. Die 9-Form der beiden Wiesen ist vorherrschend Yin, hat aber am Rand den Yang-Punkt des Lindenkranzes zum Ausgleich. Durch die Wechselbeziehungen zwischen den 111 Linden der Lindenkathedrale und der Zahl 9 des Wiesengrundrisses findet sich der Umriß der gesamten Tempelanlage numerisch in der Zahl 1119 abgerundet:

111 Linden der Allee plus 9 des Wiesengrundrisses = 1119. Die Zahl 1119 bezeichnet das Jahr 1119, als in Jerusalem der Templerorden gestiftet wurde!

Die zwei Templerkreuze hinter dem Altar in der Kapelle spiegeln sich in der Zahl 1119 der Parkanlage wider. Man kann es sich kaum anders vorstellen, als daß sich darin die geheimen Schöpfer des Türnicher Zwillingstempels – der Kapelle und des Parks – offenbaren.

In der Zahl 1119 sind sämtliche Bezüge innerhalb des Naturheiligtums bewahrt. Man kann nämlich noch folgende Summe darin sehen:

1119 = 3 (als 1 + 1 + 1) plus 9 = 12 = 3 + 3 + 3 + 3 = 4 × 3. Daraus ergeben sich die anderen Zahlen der Anlage. Die Zahl 3 kommt in dem abgeholzten Kastaniendreieck auf der Verkehrsinsel vor. Die vierfache 3 birgt in sich auch die Summe »3 + 4 = 7«. Die 7 ist die Baumzahl des Lindenkranzes. Andererseits ist in der Summe auch die 12 anwesend, die sich im Wuchs der sieben Linden äußert.

Was aber das dritte der erwähnten Bauelemente eines Naturtempels betrifft – die Steinsetzungen –, so gab es in Türnich keine, bevor ich 1987 mit der Lithopunktur* begann.

---

* Lithopunktur ist der Akupunktur des menschlichen Körpers verwandt. Das Wort kommt von »lithos« (Gr.) – Stein und »punctura« (Lat.) – Einstich.

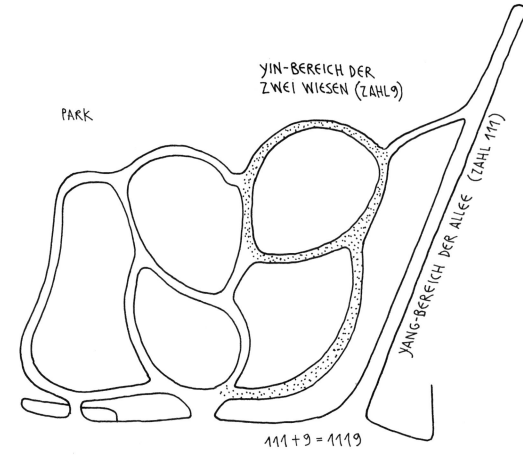

PARK

YIN-BEREICH DER
ZWEI WIESEN (ZAHL 9)

YANG-BEREICH DER ALLEE (ZAHL 111)

111 + 9 = 1119

Die Wegführung des Parks und die Zahl 1119
als Gründungsjahr des Templerordens

Die ersten Steinsetzungen

Die Krise hatte für Schloß Türnich und seine Parkanlage schon lange vor der Grundwasserabsenkung, von der dieses Gebiet seit 1954 betroffen ist, begonnen. Man hatte vergessen, daß der Park in eine Strahlungsstruktur eingebettet ist. Auch das Wissen um die esoterische Bedeutung der verschiedenen Parkformen war offensichtlich verlorengegangen. Man hatte den Irrgarten ausgehackt, der ein Teil der Tempelanlage war, ähnlich wie die Labyrinthe einen wichtigen Teil der mittelalterlichen Kirchen darstellten. Außerdem wurde eine Roßkastanienallee als Verlängerung der Lindenallee gepflanzt, die die Verbindung der Lindenallee zur Quelle zwischen den beiden Platanen mißachtete und in eine falsche Richtung lenkte. Die vollendete Geometrie des Lindenkranzes wurde von jungen Bäumen zugewachsen ...

Die Grundwasserabsenkung hat die Krise des Parks noch auf die biologische Ebene ausgedehnt. Wegen des Braunkohleabbaus in der Umgebung wurde das Grundwasser um 230 Meter abgesenkt. Mehr als ein Jahrhundert alte Bäume stehen damit in einer regelrechten Wüste, die äußerlich durch die Oberflächenfeuchtigkeit verdeckt wird. Die Tiefwurzeln verlieren ihre Funktion und beginnen abzusterben, die riesigen Bäume werden haltlos und kippen leicht um. Wenn man das ganze Ausmaß der Umweltbeschädigung im Rheinland hinzurechnet, war die Lage des Parks äußerst kritisch.

Als schließlich im Jahr 1982 Graf Godehard die Verantwortung für den Park übernahm, wurde zuerst die Restaurierung der äußeren Parkgestalt unternommen.[*] Die historischen Parkformen wurden freigelegt und ergänzt, die Bäume der falsch ausgerichteten Roßkastanienallee teilweise verpflanzt, so daß die Allee die Energieströme nicht mehr fehlleiten konnte.

In diesem noch immer gefährdeten, aber hoffnungsvollen Zustand habe ich den Park vorgefunden, als ich im Sommer 1986 das erste Mal Türnich besuchte. Äußerlich war der Park zwar restauriert, innerlich aber entleert und schwingungsarm. Meine Idee war, die Steinsetzung in den Park einzuführen – das dritte der vorher genannten Bauelemente eines Naturtempels. Dadurch sollte es möglich sein, die betäubten Kraftfelder, die ja im Park reichlich vorhanden waren, wiederzubeleben und auch Brennpunkte für die mangelnde Strahlung zu schaffen.

---

[*] Die Parkrestaurierung wurde geleitet von dem Gartenarchitekten Pieter Schwarze, dem Dendrologen Berthold Leendertz und von Godehard Graf Hoensbroech.

Die Wiederbelebung einer Landschaft durch Steinsetzungen verstehe ich als eine Art Akupunktur. Ich bezeichne sie mit dem Ausdruck »Lithopunktur«, bei dem die Silbe »acus« – die Nadel – durch die Silbe »lithos« – der Stein – ersetzt wird.

Für die Lithopunktur eines Ortes suche ich immer eine heimische Steinart, um die natürlichen Wechselwirkungen in einer Landschaft zu respektieren. Für die Steinsetzungen in Türnich habe ich Aachener Blaustein★ ausgewählt.

Für jede Steinsetzung muß ich mich in den Steinbruch begeben, um eine Steinform zu finden, die dem auserwählten Platz schwingungsmäßig entspricht. Der Stein wird dann auf dem Punkt aufgestellt, mit Hilfe der Radiästhesie-Instrumente genau ausgerichtet und schließlich durch Steine gleicher Art in der Erde befestigt. Die Ausrichtung ist bei einer Steinsetzung entscheidend.

Die Steine muß man in diesem Zusammenhang nicht nur als eine kristalline, sondern auch als eine Schwingungsstruktur betrachten. Bei der Ausrichtung geht es um die Abstimmung zweier Strahlungsfelder. Das Schwingungsmuster des Steines muß harmonisch mit dem Muster des Standortes schwingen, sonst gibt es keine Kommunikation zwischen den beiden Feldern, und die Wirkung bleibt aus.

Man kann sich vorstellen, daß der Druck des Schwingungsfeldes eines auf dem Akupunkturpunkt stehenden Steines die Ausstrahlung des Punktes fördert und verstärkt, was sich heilend auf die irdische Ebene auswirkt. Eine solche Sinngebung kann man schon hinter den historischen Steinsetzungen der Megalithkultur vermuten.

Bei meinen Steinsetzungen kommt noch ein zweites Element hinzu. In den Stein wird ein Zeichen eingemeißelt, das ich Kosmogramm★★ nenne. Das Zeichen wird nur oberflächlich eingeritzt, so daß die Steinmasse soweit wie möglich unberührt bleibt, damit ihr Schwingungspotential nicht verletzt wird.

Ein solches Kosmogramm wirkt als Brennpunkt, durch den gezielt kosmische Kräfte in das Lithopunkturfeld hineingezogen werden, Kräfte, die man als wohltuend, heilend oder fördernd für den behandelten Ort empfindet. Die jeweilige Linienführung in der Kosmogrammzeichnung wirkt als Anrufungsimpuls für die ausgewählte Schwingung. Andererseits ist die symbolische Sprache der Kosmogramme so gestaltet, daß sie auch von Menschen gelesen werden kann. Damit wird den Parkbesuchern die Möglichkeit angeboten, an der Heilung des Ortes mitzuwirken. Betrachtet man ein Kosmogramm, dann wird durch die Aufmerksamkeit, die man dem Zeichen schenkt, seine Schwingung verstärkt und dadurch auch seine Fähigkeit, gezielt die kosmischen Kräfte anzuziehen.

Doch bevor ich mit den Steinsetzungen anfangen kann, muß ich einen Plan ausgearbeitet haben, um zu wissen, auf welche der vielen Strahlungspunkte des Ortes die Steine gesetzt werden müssen, damit die erwünschte Wirkung entstehen kann. Die erste Voraussetzung für den Steinsetzungsplan in Türnich war wohl die Entschlüsselung des energetischen Gestaltungsmusters des Parks, von

---

★ In Hahn bei Aachen gibt es einen der letzten Steinbrüche, wo diese Steinart noch gebrochen wird.

★★ Kosmogramm verbildlicht einen universalen Archetyp; das Wort kommt von »kosmos« (Gr.) – universale Ordnung und »gramma« (Gr.) – das Schriftzeichen.

der ich im vorigen Kapitel erzählt habe. Rein verstandesmäßig könnte man schon daraus Rückschlüsse ziehen, wo einzugreifen wäre, aber im unsichtbaren Ätherbereich sind die Folgen solcher Eingriffe logisch nicht vorauszusehen. Ich war daher gezwungen, jede einzelne Aktion durch intuitives Erfassen der Ganzheit des Parkenergiefeldes in ihren Wirkungen abzuschätzen.

Im Herbst 1986 kam ich für eine längere Zeit nach Türnich, um den Steinsetzungsplan zu ergründen. Wenn so eine Aufgabe vor mir steht, bin ich völlig ratlos. Alles um mich herum scheint zwar freundlich und angenehm, aber die innere Sicht ist wie mit eisernen Riegeln versperrt. Offenbar hat der Mensch durch seine jahrhundertelange Mißhandlung der Natur eine dichte Wolke von Mißtrauen um die Erde geschaffen, die man nicht einfach willentlich auflösen kann. Der einzige Weg, den ich da kenne, ist ein Weg der Geduld, der Liebe und des Glaubens.

Ich hielt mich tagelang im Park auf, in innere Ruhe versenkt, und versuchte, jeden Winkel des Ortes mit meiner Aufmerksamkeit anzustrahlen. Ich gab mir Mühe, mit dem Engel des Parks telepathisch zu sprechen. Mit Engel meine ich das Bewußtsein des Parks, in dem die einzelnen Naturintelligenzen des Ortes, der Elemente, der Baumarten usw. gipfeln. Dazu steige ich mit Hilfe meines Selbst vertikal nach oben, bis ich hoch über der gewöhnlichen Bewußtseinsebene den Gipfel einer Pyramide erreiche, den ich den Engel des Parks nenne. Da versuche ich die Inspiration für meine Planung zu ertasten und sie senkrecht hinunter in mein körperliches Bewußtsein zu bringen. Erst da »unten« ist es möglich, die Inspiration logisch zu begreifen und sie in den schrittweise entstehenden Plan einzuordnen. Manchmal gelingt es mir, reine Impulse herunterzuholen. Ein anderes Mal werden die herabfließenden Hinweise durch meine persönlichen Vorstellungen verwirrt. Dann sind die Ergebnisse verkehrt, und ich bin verzweifelt. Statt innere Ruhe zu behalten und mich selbst zu klären, versuche ich dann, meine Seele der irdischen Ebene zu öffnen, um die Schwierigkeiten, die ein Ort vermutlich hat, unmittelbar zu fühlen.

Gewöhnlich wird meine Krise dadurch noch vertieft. Durch das geöffnete Tor der lauschenden Seele kriechen die schweren Schwingungen der beschädigten und von den Menschen zertrampelten Ätherstrukturen des Ortes in mich hinein. Dann wird es schwierig für mein Herz. Während meiner Parkuntersuchungen lag ich nicht nur einmal hilflos auf einer Parkbank, betend und bittend, mein Leben möge noch nicht enden.

Endlich war der Steinsetzungsplan soweit gediehen, daß darin ein Sinn zu spüren war. In dieser Phase wurde sowieso nur an den Parkbereich gedacht, was viel einfacher war als später, als auch die Schloßinsel, der Hirschpark und der französische Garten in das Konzept eingegliedert wurden. Dieser einfache Plan, der zehn Steinsetzungen im Park vorsah, wurde mit Graf Godehard, dem Gartenarchitekten und dem Dendrologen★ diskutiert. Man entschloß sich, mit den Steinsetzungen in der Lindenallee anzufangen.

★ Wissenschaftler der Baum- und Gehölzkunde – von »dendron« (Gr.) – der Baum – und »logos« (Gr.) – das Wort.

Im Frühjahr 1987 kam ich mit meiner Frau Marika aus Slowenien zurück, um die Aufgabe zu erfüllen. Da ich meine künstlerische Arbeit nicht als ein Mittel des persönlichen Ausdrucks begreife, habe ich große Freude daran, die Bildhauerarbeit mit meiner Frau zu teilen. Sie arbeitet wunderbar mir ihren Händen, und ich überlasse ihr gern beim Meißeln alle empfindlichen Details.

Im Steinbruch Hahn haben wir als erstes eine Blausteinsäule für die Schwelle der Lindenallee ausgesucht. Da dieser Punkt durch einen Aquastaten mit dem Bodenmosaik der Kapelle verbunden ist, hatte ich die Idee, das Kosmogramm für diese Steinsetzung aus dem Bodenmosaik heraus zu gestalten. Es ging dabei aber nicht um eine bloße Umgestaltung, sondern auch um eine Weiterentwicklung. Die Symbolik der vier Jahreszeiten und der vier Altersstufen des Menschen, die in den vier Medaillons des Mosaiks dargestellt ist, sollte auf die nächsthöhere Daseinsebene emporgehoben werden. Dadurch würde eine Art Wechselbeziehung entstehen zwischen den beiden Punkten, die durch einen Aquastaten schon von Natur aus verbunden sind.

Der Schwellenstein
der Allee

Auf der nächsthöheren Ebene entspricht dem Urbild der vier Jahreszeiten der Archetyp der vier Elemente. Es sind die klassischen Elemente Erde, Wasser, Luft und Feuer. Sie bezeichnen zunächst einmal die vier Zustände, in denen die Materie sich offenbart. Die vierstufige Gliederung reicht von der härtesten Form des Elements Erde bis zur Strahlungsform des Feuerelements. Die Elemente Wasser und Luft deuten die zwei Zwischenstufen dieser Überführung des Stofflichen in die Ätherform an: Durch das Wasserelement wird Materie weich und fließend, durch das Luftelement wird sie leicht und schwebend.

52

Begreift man die sinnlich erfaßbare und durch die Materie gekennzeichnete Hälfte der Realität zusammen mit der den Sinnen verborgenen Hälfte – den Schwingungsbereichen – als eine Einheit, so kann man das Element Feuer als einen Übergang von der stofflichen zur ätherischen Ebene betrachten. Tatsächlich nehmen wir das Feuer ja so wahr, als würde durch sein Brausen die Stofflichkeit der Materie in eine Strahlungsgestalt verwandelt.

Nun, auf der ätherischen Ebene der fünften Dimension wiederholt sich dasselbe Spektrum der vier Elemente in der Form von Schwingungen, die eine unterschiedliche Dichte aufweisen. Das Urbild wiederholt sich, da es sich um zwei genau spiegelbildlich gestaltete Pole der Wirklichkeit handelt: den stofflichen und den schwingungsmäßigen Pol.

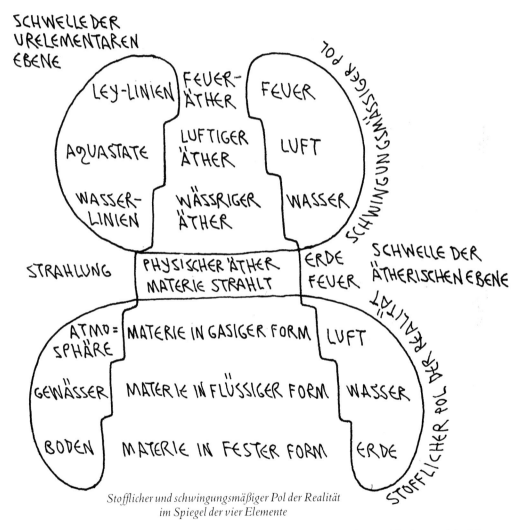

Stofflicher und schwingungsmäßiger Pol der Realität
im Spiegel der vier Elemente

Den dichtesten Schwingungsbereich, der am nächsten an die stoffliche Welthälfte heranreicht, nennt man den physischen Äther. Der Erdelementäther stellt jenes Schwingungsgewebe dar, in dem die stofflichen Dinge unmittelbar wurzeln. Von den Erscheinungen des physischen Äthers sind die Yin- und Yang-Kraftfelder bereits öfter erwähnt worden, welche den verschiedensten räumlichen Erscheinungen zugrunde liegen. Den Radiästhesisten sind auch Gitternetze bekannt – wie das Hartmann- oder Currynetz –, in denen sich das planetare Kraftfeld offenbart.

Im Rahmen des Urbildes der vier Elemente entspricht der flüssigen Form der Materie ein Schwingungsbereich, den man den wäßrigen oder auch Feuchtigkeitsäther nennt. Er ist der Bereich, in dem die Lebensimpulse kreisen, um von dort auf die vierdimensionale Ebene einzuwirken. Das ist der Grund, warum der wäßrige Äther auch als »Bio-Energie« bezeichnet wird. Von den Strahlungsformen des Feuchtigkeitsäthers sind schon die Wasserlinien erwähnt worden*, die man nicht mit den Wasseradern verwechseln darf. Wasserlinien sind Strömungen des wäßrigen Äthers, die die Wasseradern regelmäßig begleiten. Sie können aber auch selbständig als reines Strahlungsphänomen auftreten.

Es ist am schwierigsten, sich die Funktion des luftigen Äthers in den Schwingungsbereichen vorzustellen. Ich meine, durch den Luftäther werden Beziehungen, Umweltverbindungen und Erinnerungen eines Ortes oder eines Wesens auf der Schwingungsebene gestaltet und aufrechterhalten. Von den Erscheinungen des luftigen Äthers wurden schon die Aquastate beschrieben. Auch die Spurlinien zählen dazu, durch die ein Pfad, auf dem sich regelmäßig Menschen oder Tiere bewegen, in das Kraftfeld einer Landschaft eingeschrieben wird.

Der feurige Äther stellt den höchsten Schwingungsbereich der unsichtbaren Wirklichkeitshälfte dar. In der Strahlung des feurigen Äthers werden die kosmischen Impulse verankert, die sich aus der übergeordneten urelementaren Ebene herablassen. Durch den feurigen Äther werden einer Landschaft die kosmischen Impulse übermittelt. Es sind die Drachenlinien, die Ley-Linien, die diese Funktion für den planetaren Körper ausüben. Das feurige Netz der Drachenlinien mit Kraftorten an deren Knotenpunkten, verteilt die kosmische Kraft über die Erdoberfläche und ihre Lebensbereiche.

Kosmogramm des Schwellensteins

---

* Beim menschlichen Körper sind die wäßrigen Ätherphänomene als Akupunkturmeridiane bekannt. Die Chakren mit ihren Verbindungen entsprechen den Erscheinungen des feurigen Äthers in einer Landschaft.

Da die Darstellungen in den vier Medaillons des Bodenmosaiks die vier Jahreszeiten mit den vier Altersstufen des menschlichen Lebens vereinen, sollte das Kosmogramm für die Schwelle der Allee auch so gestaltet sein, daß die Symbole der vier Elemente gleichzeitig die vier Entwicklungsstufen des menschlichen Bewußtseins bezeichnen. Darin sollte sich eine zweite Art von Spiegelung der stofflichen Ebene im Schwingungsbereich offenbaren. Diesmal ging es um eine Übersetzung von Körperlichkeit in Bewußtsein. So entstünde eine weitere Wechselbeziehung zwischen dem Bodenmosaik der Kapelle und dem Schwellenstein der Allee.

Das Element Erde ist durch ein Gesicht der Mutter Erde symbolisiert, das die ganze Sphäre des Kosmogramms umfaßt, so als wäre sie die Erdkugel. In bezug auf die vier Bewußtseinsstufen entspricht diese Darstellung der Grundstufe des menschlichen Bewußtseins, auf der intuitiv und noch vorbewußt die kosmische Ganzheit erfaßt wird. Man erinnert sich an das »unschuldige« Bewußtsein eines Kindes oder eines Urvolkes.

Auf der zweiten Stufe wird das persönliche Ich entdeckt. Als Folge davon kommt es unumgänglich zu einer Trennung von der Weltganzheit und zu einer Objektivierung der Umwelt. Dadurch wird der Mensch einer schmerzlichen Erfahrung zugeführt, als würde das Bewußtsein schrumpfen★. Diese Verengung wird im Kosmogramm in der Form einer Grabeshöhle dargestellt, in der eine Figur schlummert. Dadurch daß ihre Beine die Form eines Fischschwanzes andeuten, wird gleichzeitig auch das Wasserelement bezeichnet. Es äußert sich darin eine Beziehung zur Pubertät, die die wäßrigen Erfahrungen der erwachenden Emotionen und der Bewußtseinsverengung vereint.

Auf der dritten Stufe der Bewußtseinsentwicklung beginnt das Suchen nach der verlorenen Ganzheit. Im Unterschied zu der erwähnten Grundstufe wird die Weltganzheit nicht mehr instinktiv und passiv erlebt, sondern individuell und schöpferisch gesucht. Dazwischen liegt die schmerzliche Ich-Erfahrung, die diese, durch innere Freiheit gekennzeichnete Bewußtseinsstufe, erst möglich macht. Die Dynamik des Suchens wird in der Kosmogrammzeichnung durch eine schwebende Figur symbolisiert, die gleichzeitig das Element Luft darstellt.

Auf dem dritten Medaillon des Mosaiks verbildlicht die Figur das Zeitalter der menschlichen Reife. Interessanterweise ist die Präzision dieser Darstellung so hoch entwickelt, daß der Tierkreis, der die vier Medaillons von innen berührt, so gedreht ist, daß sich unter der Gestalt des reifen Mannes das Zeichen des Wassermanns befindet. Und bekanntlich stehen wir heute an der Schwelle zum Wassermannzeitalter★★ als einem Zeitalter der Reife in der Menschheitsentwicklung.

★ Mythologisch spricht man von dieser Stufe als von der Vertreibung aus dem Paradies.

★★ Es geht um eine Zeitrechnung in solaren Jahren, die jeweils ca. 25 000 irdische Jahre umfassen, der Zeitzyklus, in dem sich verschiedene Kulturen entwickeln. Das Sonnenjahr wird durch die Tierkreiszeichen, durch die sich die Sonne dabei bewegt, in Epochen geteilt, die ca. zwei Jahrtausende dauern. Zur Zeit befinden wir uns mitten im Übergang vom Zeitalter der Fische zum Zeitalter des Wassermanns.

Dem Greis im vierten Medaillon entspricht die vierte Figur des Kosmogramms, die anstelle von Händen spiralförmige Flügel aufweist. Die Spiraldrehung bezeichnet das Feuerelement und gleichzeitig die höchste Bewußtseinsstufe des Menschen, die von geistiger Intuition durchdrungen ist. Es ist die Stufe, auf der man die göttliche Erleuchtung erreichen kann. Wenn ein Mensch sein Leben vollkommen verwirklicht hat, kann er die Weltebene der ersten sechs Dimensionen transzendieren und seine Entwicklung in dem übergeordneten Weltall der zwölf Dimensionen fortsetzen. Man spricht dann von dem Meisterbewußtsein eines vollendeten Menschen.

Ich finde es unmöglich, ein Kosmogramm analytisch zu gestalten, obwohl ich die Umstände kenne, in denen es später wirken soll. Als erstes muß ich eine Zeitlang in der Nähe des Ortes verweilen, für den das Zeichen vorgesehen ist. Es kann sogar geschehen, daß ich auf dem Platz schlafen muß. Dabei mag in den ungeahnten Tiefen meines Selbst ein Zwiegespräch laufen zwischen meinem Bewußtsein und der Intelligenz des Ortes, die man gewöhnlich *genius loci* – den Geist des Ortes, nennt.

Auch danach kann es noch schwierig werden. Es kommt vor, daß ich tagelang zeichne, aber die Ergebnisse haben nicht den richtigen Klang. Dann sehe ich die letzte Möglichkeit darin, mein höheres Selbst[*] zu bitten, mir bei der Vermittlung zwischen dem *genius loci* und meinem Tagesbewußtsein zu helfen. Abends, bevor ich einschlafe, spreche ich einfach die Bitte innerlich aus.

Gewöhnlich gibt es keine Träume als Antwort, aber nach dem Erwachen habe ich das Gefühl, daß die Lösung für das Kosmogramm schon irgendwo in meinem Kopf verankert ist. Ich muß mich nur ohne jede Verkrampfung in dieser Richtung konzentrieren und innerhalb der vermutlichen Formen auf dem Papier kritzeln, und schon ist das Kosmogramm da. Es ist an seiner einfachen Klarheit zu erkennen.

Der Stein an der Schwelle der Allee steht zwar in der Alleeachse, stört aber den Verkehr in der Allee nicht, weil er am Wegrand steht. Die Allee weist nämlich am Ende eine kleine Biegung auf, um den Weg am Weiher entlang aufzufangen. Dadurch stößt die Achse an der Schwelle schon an den Wegrand. Der Strahlungsbrennpunkt am anderen Ende der Allee – er wurde Altarpunkt benannt – liegt aber in der Wegmitte vor dem Parktor. Damit die Allee, die grundsätzlich für jeden Kraftfahrzeugverkehr gesperrt ist, im Notfall befahren werden kann, mußte der Altarstein waagrecht auf die Wegfläche gelegt und dort ausgerichtet werden. Nur teilweise ragt der Stein aus der Erde heraus, gerade so weit, daß man noch darüberfahren könnte.

Das Kosmogramm für den Altarstein ist aufgrund der Symbolik entwickelt worden, wie sie sich aus dem Aufbau des Altars in der Kapelle offenbart. Der Altar ist in drei symbolische übereinanderstehende Tempelbauten gegliedert, von denen jeder durch vier kleine Säulen angedeutet ist. Der Tempel des Heiligen Geistes breitet sich unter dem Altarstein aus. Der Tempel des Sohnes steht

---

[*] Die höchste Bewußtseinsebene des Menschen nennt man das höhere Selbst; über sein höheres Selbst ist ein Mensch ständig an den geistigen Bereich der siebten Dimension angeschlossen.

darüber in Form des Tabernakels. Über dem Tabernakel erhebt sich der Tempel des Vaters. Die drei Tempel der göttlichen Trinität stehen übereinander und bilden den Altar.

Den Heilig-Geist-Aspekt der Trinität versinnbildlicht ein Lebensbrunnen, aus dem sieben Ströme quellen, die die sieben Dimensionen der ganzheitlichen Wirklichkeit darstellen. Das Bild ist eingefaßt in eine Eiform, die die Potenz des kosmischen Eies symbolisiert. Den Sohnaspekt des Gottes darüber stellt ein Nest dar, in dem der Pelikan als ein Symbol Christi sein Herzblut an seine Jungen spendet. Der Vateraspekt der Trinität wird von dem auferstandenen Christus als *lux mundi* in einer Mandorla* vertreten.

Kosmogramm des Altarsteins

Im Kosmogramm des Altarsteines ist die göttliche Trinität durch drei übereinanderliegende Gesichter symbolisiert, die durch eine hin und her schlingende Linie angedeutet sind. Eine zweite Linie ist darin eingewoben und bezeichnet die Merkmale, durch die sich die drei Aspekte der Dreifaltigkeit voneinander unterscheiden. Die Spirale des Auges gehört zum Vater, das Ohr zum Sohn und der Atem, aus dem eine Frau und ein Mann Gestalt annehmen, zum Heilig-Geist-Aspekt. Die Beziehungen sind folgende:

der Vateraspekt	– das Auge	– der göttliche Wille
der Sohnaspekt	– das Ohr	– die Weisheit
der Geistaspekt	– der Atem	– die Schöpfungskraft.

Wenn hier von der göttlichen Trinität gesprochen wird, so möchte ich hinzufügen, daß ich darin keine starre Vorstellung sehe, sondern eine universale Grundschwingung, die dem ganzen Leben seinen Sinn verleiht. Durch den göttlichen Willensaspekt wird der Wille zum Sein geboren und aufrechterhalten, wenn es sich um einen Menschen, eine Blume oder einen Engel handelt. Durch den Weisheitsaspekt wird dem Menschen die Fähigkeit geschenkt, alles zu lieben, was immer ihm begegnet – und dadurch zu wachsen und zu lernen. Durch den

---

* Die mystische Einheit der Dreifaltigkeit wird darin erlebt, daß das Ei, das Nest und die Mandorla alle drei Mutationen der vollkommenen Form des Kreises sind.

Geistaspekt werden wir eingeladen, frei an dem kosmischen Schöpfungsvorgang teilzunehmen, selbst wenn wir uns in der Enge des täglichen Lebens befinden.
In diesem Sinne ist es symbolisch, daß sich der Altarstein der Lindenkathedrale auf dem Boden befindet, eingegraben in die Spur eines Weges.

Der Siebenlindenkranz mit der dreistämmigen Linde in der Mitte.
Im Vordergrund: Die Zwillingssteinsetzung

Der dritte Stein müßte logischerweise im Siebenlindenkranz stehen. Ich empfand aber die Heiligkeit des Lindenbaptisteriums so überwältigend, daß ich mich erst nach zwei Jahren traute, einen Stein auf die unbepflanzte Ecke seines achteckigen Grundrisses zu legen. Im Rahmen der ersten Steinsetzungen habe ich den Stein, der eigentlich zu dem Lindenkranz in Beziehung steht, außerhalb des Kranzes plaziert, und zwar auf der Ley-Linie, die das Schwingungsfeld des Lindenkranzes mit der anderen Ley-Linie verbindet, die durch den potentiellen Parkbereich jenseits der Allee verläuft.

An dem auserwählten Punkt wird die Ley-Linie von einer Wasserlinie gekreuzt. Vermutlich kommt die Kreuzung unter einem besonderen Winkel zustande, so daß es auf dem Punkt zu einem starken Zusammenstoß zwischen Feuer- und Wasserstrahlung kommt, obwohl die beiden Linien auf zwei unterschiedlichen Schwingungsebenen verlaufen. Nach dem originalen Plan für den Park stand dort früher eine Roteiche, die sich aber in der Form eines riesigen Bogens von ihrem Standort wegneigte. Bei der Parkrestaurierung war sie leider gefällt worden, weil man geglaubt hatte, sie stehe wegen Altersschwäche so schief. Als sie dann am Boden lag, erkannte man den Fehler: der Stamm war innen völlig gesund. Der Baum konnte nur den giftigen Zweikampf des Wassers und des Feuers nicht aushalten. Die Schwingungen waren zu gegensätzlich, also war er ihnen ausgewichen.

Kosmogramm des Zwillingssteins
vor dem Lindenkranz

Da der Baum nun einmal gefällt war, wollte ich den Punkt durch eine Steinsetzung zu einem Ausgleich bringen und befrieden, damit sich das Schwingungsfeld des Lindenkranzes ungestört ausdehnen konnte. Demgemäß ist die Thematik des Kosmogramms dem Gleichgewicht zwischen den Gegensätzen gewidmet. In der Form der Zahl »8« wird eine Ausgleichsbewegung dargestellt. Das Gesicht der unteren Hälfte der »8« hat nur das Ohr betont, da das Ohr im Gegensatz zum Auge Passivität symbolisiert, also eine Yin-Qualität. Die obere Hälfte ist durch zwei Hände bezeichnet, die Aktivität symbolisieren und dadurch den Yang-Pol bilden.

Andererseits ist die passive Fläche der »8« voll ausgefüllt. Es kommt also ein Yang-Impuls in das Yin-Feld hinein. Die aktive Hälfte des Kosmogramms ist umgekehrt mit einer leeren Mitte versehen, so daß das Yang in der Mitte auch Yin aufweist. Durch diese Rückkoppelung wird das dualistische »8«-Zeichen in ein dynamisches Unendlichkeitszeichen umgewandelt.

In Übereinstimmung mit der polaren Gestaltung des Kosmogramms erfolgte die Steinsetzung in Form von zwei parallel zueinander stehenden Steinen. Die schlanke und hohe Steinsäule mit dem Kosmogramm steht für die feurige Energie der Ley-Linie, die niedrigere und breitere Steinplatte für die Wasserschwingung. Sie halten die beiden Ätherphänomene in ihrer jeweiligen Identität voneinander getrennt. Die Platte hat später zusätzlich ein Zeichen eingemeißelt bekommen, das die chaotischen Umweltschwingungen harmonisiert, die sich auf diesem explosiven Punkt immer wieder ansammeln. Davon wird später noch die Rede sein.

Die Thematik des Ausgleichs der Gegensätze sollte sich von nun an auf den gesamten Steinsetzungsplan des Parks ausdehnen. Bis hierher wurde nur mit dem »Feuer« der Ley-Linien gearbeitet. Bedenkt man, daß die Wirkung des Feuerelements im Park gesteigert wurde, so bestand die Gefahr einer neuen, durch die Kunst erschaffenen Disharmonie. Die übermächtige Feuerätherstrahlung konnte das Lebensgewebe des Parks mit Verbrennung bedrohen, die biologische Struktur des Parks wäre gefährdet.

Also wurde beschlossen, die Steinsetzungen an den Drachenlinien erst im Herbst 1987 weiterzuführen. Den Sommer über haben Marika und ich uns völlig auf das Wasserelement konzentriert, um die »Hitze« des Feueräthers auszugleichen. Es wurde nach dem Ursprung der Wasserstrahlung gesucht, bis wir eine Tiefwasserquelle entdeckten. Sie liegt in der Mitte eines weiten Ilexkranzes, am Rande der unteren der beiden tellerförmigen Wiesen, die den Yin-Pol zu der Lindenallee darstellen.

Eine Tiefwasserquelle wird auch als Blindquelle★ bezeichnet. Bei einer Quelle ist man gewöhnt, daß Wasser durch eine Wasserader herangeführt wird und ans Tageslicht dringt. Bei der Blindquelle gibt es kein Zuströmen und auch keine sinnlich erfahrbare Wassererscheinung. Alles spielt sich tief in der Erde ab. Die Blindquelle ist nur durch die ungeheuer starke Ausstrahlung des wäßrigen Äthers spürbar. Wasser steigt an einer solchen Stelle als Dampf aus der Erdmitte herauf und wird auf einer bestimmten Höhe wegen des Temperaturwechsels flüssig. Diese Verflüssigung wird radiästhetisch als Quelle wahrgenommen. Eine Blindquelle scheint die Form einer Wasserkuppel zu haben, aus der sternförmig Wasseradern★★ in verschiedene Richtungen laufen, begleitet von den Wasserätherlinien.

Eine solche Erscheinung des lebentragenden Wassers aus dem Herzen der Mutter Erde wurde seit Urzeiten als Lebensquelle verehrt. Oft wurden ihre Schwingungen durch Steinsetzungen aufgefangen, um sie horizontal durch die umgebende Landschaft zu verbreiten. Dadurch wurde die Fruchtbarkeit des Landes angeregt und geehrt.

★ Nach Guy Underwood: »Blind spring« – vgl. »Patterns of the Past«.

★★ Da in Türnich alles Grundwasser abgepumpt wird, muß man annehmen, daß die Wasseradern ausgetrocknet sind; das hindert aber die Linien des wäßrigen Äthers nicht daran, weiter in denselben Richtungen zu pulsieren.

Der Pyramidenstein im Ilexkranz

Im Ilexkranz geschieht etwas noch Erregenderes. Man kann nicht nur die aus den Erdtiefen heraufströmenden Schwingungen der Blindquelle wahrnehmen, sondern auch eine sich aus dem Kosmos herablassende Schwingung. Man kann sie mit Hilfe der Drehwinkelsonden als Herzschlagschwingung erkennen. Im Strahlungsraum des Ilexkranzes verdichtet sich diese urelementare Schwingung ähnlich wie sich unten in der Erdentiefe der Dampf zu Wasser verdichtet. Das Ergebnis dieser Schwingungsverdichtung ist eine Solarlinie, die aus der Quelle in Richtung Schloßhof verläuft.

Die Solarlinie kann man sich als ein Element des Äthersystems vorstellen, das von der Sonne ausgeht. Auf der physischen Ebene erscheint die Sonne als eine feurige Kugel; man kann die enorme Hitze wahrnehmen, die von ihr ausgeht. Nach dem Gesetz der Polarität würde diese Hitze auf der komplementären Ätherebene eine wäßrige Qualität aufweisen. Man könnte sie »das feurige Wasser« nennen und die Ätherlinie, die es verteilt, eine »Solarlinie«.

Der doppelte Quellpunkt im Ilexkranz erschien uns als ein idealer Ausgangspunkt für das Wasserkraftsystem des Parks. Von den Wasserlinien, die sternförmig von der Blindquelle ausstrahlen, wurde eine für die ersten Steinsetzungen des zweiten Systems ausgewählt: Sie verläuft diagonal über die Wiese in die Richtung des Parkteils, den ich den Vitalbereich nenne im Unterschied zu dem sakralen Bereich, der um die Lindenallee konzentriert ist.

Die Steinsetzungen im Vitalbereich folgen den Linien des wäßrigen Äthers im Gegensatz zu der Lithopunktur des sakralen Bereiches, die an das Ley-Liniennetz anknüpft. Auch die Kosmogramme sind beim Wassersystem anders gestaltet. Statt einer abgerundeten Form nehmen sie die Gestalt eines Flechtwerkes an. Auch sind die Kosmogramme des Wassersystems in erster Linie gefühlsmäßig erlebbar, worin sich ihr Bezug zum Wasserelement äußert.

Kosmogramm des Pyramidensteins

Kosmogramm des zweiten Wassersteins

Für den Quellpunkt im Ilexkranz wurde ein pyramidenförmiger Stein gefunden, der die zwei Arten von Strahlung an diesem Ort vorzüglich aufnehmen kann. Der nächste Stein an der Linie hat eine horizontale, pfeilartige Form und steht an dem gegenüberliegenden Rand derselben Wiese. Die Pfeilform deutet in die Richtung des dritten Steines★, der an derselben Wasserlinie in der Mitte einer Waldlichtung

---

★ Alle drei Steine weichen von der wörtlichen Bedeutung der Erdakupunktur ab. Sie sind auf die Erdoberfläche gelegt und nicht nadelähnlich in die Erde hineingestoßen. Es handelt sich nämlich nicht um eine Beziehung zwischen den Stoffen der Erde und des Steines, sondern um die Beziehung zweier Kraftfelder.

liegt. Es sind acht prächtige Bäume, die ein Oval bilden. Daher trägt dieser Ort die Bezeichnung »das Oval«.

Das Kosmogramm des pyramidenförmigen Steines ist aus zwei ineinander verflochtenen Unendlichkeitszeichen komponiert – aus einem eckigen und einem abgerundeten, um die irdische und die kosmische Wasserstrahlung anzudeuten und ihre Abstimmung aufeinander zu symbolisieren. Das Kosmogramm des zweiten Wassersteines führt das Urbild des Ausgleichs der Gegensätze weiter. Vom Ausgleich zwischen zwei Paaren gelangt man zu einer Harmonisierung von zwei Viererformen.

Der zweite Stein auf der Wasserlinie

Der dritte Stein in derselben Richtung ist ein Naturfelsen, der in der Mitte der ovalen Lichtung liegt an dem Punkt, wo die Linie, der die beschriebenen Steinsetzungen gefolgt sind, sich mit einer zweiten Wasserlinie kreuzt. Die erste Linie überschreitet jenseits des Kreuzungspunktes die Parkgrenze. Es hatte keinen Sinn, ihr mit der Lithopunktur weiter zu folgen. Statt dessen wurden die weiteren Steine entlang der zweiten Linie aufgestellt. Der Felsen im Oval dient als Verteiler, der das Wassersystem in seiner ursprünglichen Ausrichtung auflöst und den Strom links und rechts entlang der zweiten Wasserlinie verteilt. Um diese Verteilung in zwei entgegengesetzte Richtungen in den Ätherbereich einzuprägen, wurden entlang der zweiten Linie später an den beiden gegenüberliegenden Rändern des Ovals zwei weitere Steine gesetzt. Ihnen wurden Kosmogramme eingemeißelt, die eigentlich zu dem Felsen im Oval gehören.

Der Felsen selbst ist in seiner Naturform unberührt geblieben. Ich wollte ihn einfach nur hinlegen und ausrichten, was auch technisch am einfachsten gewesen

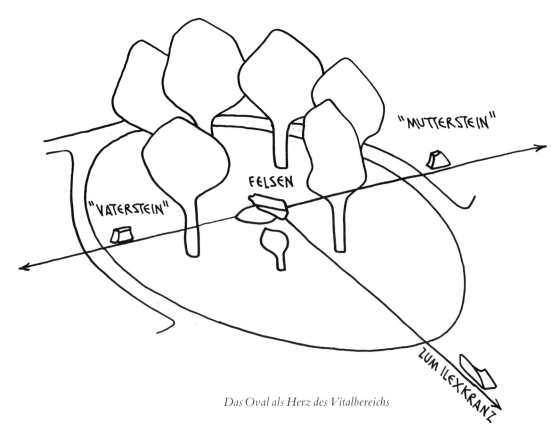

"MUTTERSTEIN"

FELSEN

"VATERSTEIN"

ZUM ILEXKRANZ

Das Oval als Herz des Vitalbereichs

Der Naturfelsen im Oval

wäre, aber es gab ein schreiendes Gefühl, daß er das nicht wollte. So lag er da vom Frühjahr bis zum Sommer, als ich mich endlich entschloß, ihm zuzuhören. Die Lage, die ich nun als die erwünschte wahrnahm, war eine lehnende Lage. Um sie zu verwirklichen, hätte ich einen Hilfsstein einführen müssen, was aber auch ein Gefühl der Ablehnung hervorrief.

Ich bin oft in das Oval gegangen, um bei dem Felsen zu hocken und ihm zu lauschen. Bei einer solchen Gelegenheit tauchte in meinem Bewußtsein eine Vorstellung auf von einem sanften, grasbewachsenen Hügel, an dessen Seite der Stein lehnen würde. Noch im Sommer wurde der Hügel gebaut und der Stein darangelehnt und ausgerichtet.

Der »Mutterstein« beim Oval

Kosmogramme der beiden polarisierten
Steine am Oval

Bevor die Steinsetzung des Felsens im Oval stattfand, war die ovale Lichtung ein halb vergessener Bereich gewesen, und es sollte noch ein volles Jahr dauern, bis die Steinsetzung vollendet war. Die ganze Zeit über tappte ich in einer Dunkelheit. Ich hatte zum Beispiel plötzlich die Idee, einen Kreis von zwölf Steinen um den Hügel mit dem Felsen zu legen. Ich hatte die Steine schon daliegen, aber kaum waren zwei von ihnen gesetzt und ausgerichtet, da bekam ich so intensive Herzschmerzen, daß ich viele Nächte lang schlaflos verbrachte und endlich die Steine wieder wegschleppen mußte, um zur Ruhe zu gelangen.

Das Dunkel begann sich zu lichten im Sommer 1988, als die beiden Kosmogramme tragenden Steine an den gegenüberliegenden Rändern des Ovals gesetzt wurden. Ihre Zeichen sind polarisiert gestaltet, so daß sie sich gegenseitig ergänzen. Das rechte ist aus lauter abgerundeten Linien komponiert, ein »weibliches« Yin-Kosmogramm. Seine Dynamik, aus der eine achtförmige Gestalt entsteht, ist begründet im Gegenspiel einer nach außen und einer nach innen gewandten vierkurvigen Form. Das »männliche« Yang-Kosmogramm auf der linken Seite ist auf eine ähnliche Weise aus vier spitzen ineinander verflochtenen Dreiecken zusammengesetzt, die eine achteckige Form bilden.

Ein solches achteckiges★ Kosmogramm bezeichnet auf dem Podest vor dem Altar der Kapelle den Punkt, wo der kosmische Strahl auf die Erde trifft. Er symbolisiert die Kraft Gottvaters, die sich auf das irdische Leben hinunterläßt. Auf dem entgegengesetzten Punkt des Altars, hoch über dem Giebel des symbolischen Tempels des himmlischen Vaters, findet sich ein zweites, »weibliches« Achteckzeichen. Es stellt die göttliche Mutterkraft der Erde dar, die aus dem Herzen der irdischen Schöpfung zum Himmel emporsteigt.

Zwischen den achtförmigen Symbolen der Erde und des Himmels als den beiden Polaritäten, zwischen denen das Sein pulsiert, sind die drei Mikrotempel der Trinität übereinander angeordnet.

★ Die Zahl Acht symbolisiert die Vervollkommnung und dadurch auch die Unendlichkeit. Der Schöpfungsvorgang dauerte nach der Bibel sieben Tage. Die Acht bedeutet in diesem Zusammenhang, daß der siebenteilige Vorgang der Manifestation transzendiert und die Vollkommenheit erreicht wird.

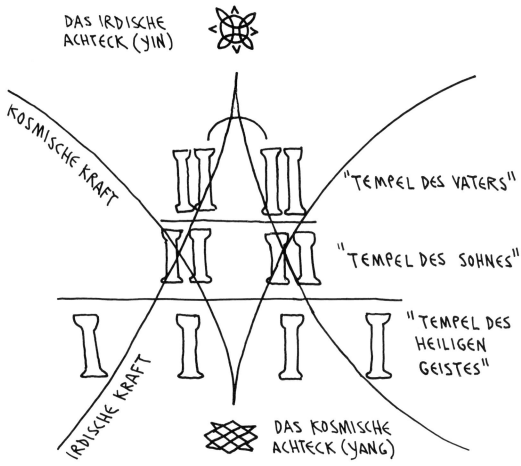

DAS IRDISCHE ACHTECK (YIN)

KOSMISCHE KRAFT

IRDISCHE KRAFT

"TEMPEL DES VATERS"

"TEMPEL DES SOHNES"

"TEMPEL DES HEILIGEN GEISTES"

DAS KOSMISCHE ACHTECK (YANG)

Die polarisierten Achteckkosmogramme
des Altars in der Kapelle

Auch in den Steinsetzungen im Park sind beide Aspekte des Göttlichen dargestellt und durch entsprechende Kosmogramme verankert, jedoch getrennt voneinander. Das Lindenheiligtum beheimatet den göttlichen Trinitätsaspekt durch das Kosmogramm, das in den Altarstein am Ende der Allee eingemeißelt ist. Das Oval hingegen ist dem göttlichen Vater-Mutter-Aspekt gewidmet und der Polarität zwischen Erde und Himmel.

Anhand der Radiästhesie-Instrumente kann man feststellen, daß der Felsen im Herzen des Ovals die polarisierten irdischen beziehungsweise kosmischen Kräfte schwingungsmäßig konzentriert und sie in der Form einer Synthese ausstrahlt. Eine Längsseite des Felsens strahlt Yin, die andere Yang. In der Mitte, wo der Stein eine flache Vertiefung zeigt, ist eine ausgeglichene Yin-/Yang-Schwingung zu spüren. Das Pendel vollzieht jeweils einen Kreis in einer Richtung, dreht sich dann heftig um und zeichnet einen Kreis in der Gegenrichtung und wieder umgekehrt.

Nachdem sich die Steinsetzungen im Oval bereits auf das Äthergewebe des Ortes eingestimmt hatten, entdeckte ich im Herbst desselben Jahres, daß ein Energieband, das ebenfalls Yin/Yang pulsiert, in der Mitte des Weges verläuft, der das

Oval mit dem Felsen umkreist.* Es ist das Schwingungsband, das ich als Kennzeichen eines sakralen Weges erwähnt habe. Erst jetzt wurde das Oval als ein Heiligtum erkannt, komplementär zu dem Heiligtum der Lindenkathedrale, die ja auch in der Mitte des Weges das Yin-/Yang-Band aufweist. Das Oval mit dem lehnenden Felsen – er wird »die schwarze Madonna« genannt – ist ein Heiligtum des täglichen Lebens, das zwischen Himmel und Erde pulsiert und in der »himmlischen Hochzeit« der beiden Pole seinen Sinn findet.

Von der Mitte des Ovals aus gesehen, gibt es weitere Steinsetzungen sowohl in der Richtung des Mutter- wie auch des Vatersteines. Der Richtung des Vatersteines folgend, gelangt man in das nördliche Grenzgebiet des Parks. Dort stehen eine alte Hybrideiche** und sonst lauter junge Bäume.

Sie steht genau im Brennpunkt eines Yang-Energiefeldes, das mit der sternförmigen Ley-Linienquelle im Lindenkranz verbunden ist. Aus dem Grund kann man ihre enorme Stärke verstehen. Ein paar Jahre bevor ich nach Türnich kam, brauste ein vernichtender Wirbelsturm durch die Gegend. Die Windhose brach an der Nordseite in den Park ein, und im Augenblick waren alle Bäume dieses Parkbereichs umgelegt. Nur die Hybrideiche auf dem Yang-Punkt blieb fast unverletzt stehen. Sie brach sogar die Wucht des Wirbelsturmes. Der abgeschwächte Windstoß drang zwar weiter in Richtung des Ovals, aber der Schaden war nur noch gering.

Die ritterliche Eiche zog mich stark an, doch sah ich es als ungünstig an, sie in das Wassersystem einzuschließen. Die Yin-Ausstrahlung des wäßrigen Äthers konnte ihre Yang-Kraft schwächen. Statt dessen fand ich 20 Schritte von der Eiche entfernt, mitten in einer jungen Baumgruppe, den Yin-Gegenpol zu dem Yang-Standort der Schutzeiche. An dem Punkt habe ich eine schlanke Steinnadel in die Erde gesteckt. Als sie genau ausgerichtet war, entstand augenblicklich eine Energieverbindung zu dem Vaterstein des Ovals. Die Linie des Wasseräthers verlief an der Eiche vorbei.

Die Wasserlinie läuft von da weiter über die Parkgrenze hinaus, und es hatte keinen Sinn, ihr mit der Steinsetzung zu folgen. Das Energiesystem sollte von dem Nadelstein zurück in Richtung auf das Schloß geführt werden, quer durch den westlichen Parkbereich. In der Richtung gab es keine natürliche Wasserlinie, die als Unterlage für den Kraftstrom hätte dienen können. Die Richtung habe ich willkürlich ausgewählt, um die geballte Energie des Parks in den Schloßbereich hineinzuführen, wo ein offensichtlicher Mangel an Lebensenergie herrschte.

Um die Anziehung in dieser Richtung herzustellen, habe ich zwei vertikale Steinsäulen in einer imaginären Linie aufgestellt, die quer durch den Park verläuft. Die erste steht inmitten eines Ahorndreiecks und die zweite auf dem Damm jenseits des Schloßgrabens. Der Stein im Ahorndreieck steht noch

---

* Es gab gewisse Störungen bei dem Yin-/Yang-Band, da es der ursprünglichen Wegführung folgt, die bei der Parkrestaurierung aus ästhetischen Gründen an einem Kreuzungspunkt verändert wurde. Um auch an dem Punkt das Band wiederzubeleben, habe ich auf die alte Wegtrasse Blausteinplatten gelegt.

** Es handelt sich um *quercus leana nutt.*, eine sehr seltene Hybrideiche aus Nordamerika, die zwei Arten von Blättern trägt.

innerhalb des Energiefeldes der Schutzeiche und hat ein Kosmogramm eingemeißelt, das als Schutzkosmogramm des Parks dient.

Im selben Moment, als die Steine aufgestellt und haargenau ausgerichtet waren, konnte man die neuerschaffene Wasserlinie durch die Radiästhesie-Instrumente feststellen. Daß ein grundlegender Wandel mitten in einem umfangreichen Energiefeld von einem Augenblick auf den anderen erschaffen wird, klingt unvorstellbar für einen Menschen der modernen Kultur, die sich so ausschließlich auf die physische Welthälfte – die Raum- und Zeitdimensionen – konzentriert. Auf der materiellen Ebene muß man eine große Kraftanstrengung machen, um eine Veränderung in der Umwelt zu bewirken. Ganz anders, wenn man sich in die Energiewelt einschwingt: man setzt gewisse Zeichen, und schon ist – wie in einem Märchen – die gewünschte Situation da.★

Die Steinnadel an der nördlichen Parkgrenze

Die ritterliche Eiche hatte mich angeregt, über die Möglichkeit eines Schutzmantels für den Park zu meditieren. Der Schutzmantel eines Energiefeldes entspricht der Funktion der Haut beim menschlichen Organismus. Da werden Stoffe, Lebewesen und Strahlungen zurückgehalten, die der Gesundheit schaden. All dem aber, was der Körper braucht, wird Eintritt gewährt. Auch der Schutzmantel als eine der Haut ähnliche Schwingungsschöpfung stößt zerstörende Strahlung und ihre Träger ab und öffnet den Weg für aufbauende Schwingungen.

★ In den Schwingungsbereichen gibt es zwar keine raumzeitlichen Hindernisse, es gibt aber eine strengere Bedingung: Jede Handlung muß, um verwirklicht zu werden, im Einklang mit dem ganzen Weltall schwingen!

Der Stein mit dem Schutzkosmogramm im Ahorndreieck

Man kann sich die Schutzhaut eines Energiefeldes als eine Lichtkugel vorstellen, die sich nach unten in den Erdbereich und nach oben in die Atmosphäre ausbreitet. An der Erdoberfläche wird der Schutzmantel radiästhetisch als ein Kreisband wahrgenommen, wie man es aus den Märchen als Hexenring kennt.

Solche Schutzkreise sind bei Tempelanlagen mit besonderer Sorgfalt geschaffen worden, weil in solchen Bereichen Strahlungsquellen geheiligt wurden, die für eine Landschaft oder für eine Kultur lebenswichtig sind. Ihre Reinheit mußte gewahrt bleiben.

Auch in der Schloßkapelle habe ich ein solches Schutzband vorgefunden, das den Altar und den kosmischen Strahlungspunkt davor umkreist. In diesem Falle ist der Schutzmantel sogar optisch sichtbar in der Form eines Mosaikbandes, das die Apsis in Augenhöhe umgibt. Es wurde im Zusammenhang mit den geheimnisvollen Templerkreuzen erwähnt. Als Schutzgestalten sind darauf sechs Drachen abgebildet.

Das Schutzband beginnt an der Apsisschwelle mit zwei keltischen Kreuzen, die in eine Trinitätsform eingewoben sind. Ich hatte das Gefühl, daß der Schutzring der Apsis seine Kraft durch diese beiden Kosmogramme erneuert. Aufgrund der tiefen Beziehung zwischen der Kapelle und dem Park fühlte ich mich innerlich angesprochen, das Schutzkosmogramm für den Park aus den zwei keltischen Kreuzen zu entwickeln.

In den Schutzzeichen der Kapelle kann man auch zwei Kosmogramme vereint sehen. Bei dem einen handelt es sich um ein aus drei Kreisen gewundenes Trinitätszeichen. Drei Aspekte der Gottheit werden zu einer dynamischen Einheit verflochten. Diese Figur habe ich bei dem neuen Kosmogramm übernommen. Außerdem wurde ich inspiriert, auch dem Kreuz in der Mitte eine Unendlichkeitsform zu geben, die alle drei Kreise der Triade durchzieht.

Schutzzeichen der Kapelle   *Kosmogramm des Schutzsteins*

Ich muß zugeben, daß ich Schwierigkeiten mit dem gewöhnlichen Kreuzsymbol habe. Interessanterweise bin ich in Türnich nicht der erste mit diesem Gefühl. Auch die alten Kapellengestalter sind einer direkten Kruzifixdarstellung geschickt ausgewichen. Es gab zwar auf der Tabernakeltür die drei Golgathakreuze mit Edelsteinen eingelegt. Sie wurden aber im Zuge der Kapellenrestaurierung entfernt, weil man weiß, daß sie erst in den zwanziger Jahren dieses Jahrhunderts auf die originale Tabernakeltür montiert wurden.

Ich glaube, das als Christuskreuz verehrte Kreuz ist nur ein Zeichen am Wege der Menschheit, das vor dem Verlust des Gleichgewichts warnt. Das Kruzifix warnt davor, die materielle Seite des Lebens zu stark zu entfalten und die geistige zu vernachlässigen; deswegen ist der waagrechte Balken bei diesem Kreuz so hoch gezogen worden. Das ist eine Gefahr, in die der Mensch in den letzten zwei Jahrtausenden tatsächlich geraten ist, und in dem Sinne ist das Symbol auch wahr.

Es ist aber das keltische Kreuz, bei dem Horizontal- und Vertikalebene im vollkommenen Gleichgewicht gehalten werden, das ich als das Zeichen des kosmischen Christus empfinde.* Die Ausgewogenheit der Vital- und Sakralkräfte, die im Kreis der Ganzheit mündet, ist ein Urbild, dem man folgen sollte, um sich wirklich dem Christusbewußtsein anzunähern.

---

* Auf der Schwingungsebene unterscheidet man – sei es in der Natur oder in der Kultur – abstoßende und anziehende Zeichen. Die abstoßenden strahlen so, daß sie bestimmte Gefahren abweisen, die anziehenden Zeichen ziehen gezielt aufbauende Strahlung an. In dem Sinne ist das gewöhnliche Kreuz ein abstoßendes und das keltische Kreuz ein anziehendes Zeichen. Vgl. Herbert Weaver, Devining the primary sense.

Gegenkräfte
tauchen auf

Mitte des Sommers 1987 war ich mit der Entfaltung des Werkes in Türnich zufrieden, mich erfüllte sogar ein leichter Stolz. Die Harmonisierung des Wasser- und des Feuerelements im Park war weitgehend abgeschlossen. Alle empfindsamen Leute, die den Park danach besichtigten, fanden die Wandlungen wunderbar. Die natürliche Ausstrahlung des Bodens, die einem Menschen vorher nicht einmal bis zu den Knien reichte, hatte sich nun bis über Kopfhöhe★ hinaus ausgedehnt. Einige Besucher, die hellseherische Fähigkeiten besitzen, sahen an den Steinen Lichterscheinungen, die offensichtlich durch das Wirken der Steine entstanden.

Die Idylle brach zusammen, nachdem ich den erwähnten Fehler mit dem Steinkreis im Oval gemacht hatte. Die unglücklichen Steine wurden zwar entfernt, ich wurde aber meine Herzbeschwerden nicht los. Von medizinischer Hilfe wollte ich nichts hören, da ich intuitiv wußte, daß darin eine wichtige Botschaft für mich steckte. Wie sie aussah, ahnte ich noch nicht. Es wurde für mich immer schwieriger, in Türnich zu atmen.

Der Höhepunkt war eines Morgens erreicht, als ich erwachte und mich selbst in zwei gleichartige Personen aufgespalten fand, die ich nur noch durch einen dünnen Faden meines Verstandes zusammenhalten konnte. Die Furcht stieg in mir auf, ich könnte mein Bewußtsein verlieren. Ich bin zu den zwei Platanen auf dem Damm gerannt, da ich dem Ort tief vertraute. Dort habe ich mich in einer langen Meditation nach oben konzentriert, um die Ebene zu erreichen, wo meine Ganzheit weiterbestand. Von da habe ich die Erfahrung meiner höheren Integrität stufenweise »nach unten« gebracht, bis ich mich auch im Körper wieder eins fühlte. Trotzdem habe ich mich kurz danach entschlossen, Türnich für einige Monate zu verlassen.

Im Zusammenhang mit der »falschen« Linde der Allee habe ich erwähnt, wie man störende Schwingungen als schöpferisches Element betrachten kann. Nun war mein Glaube, daß es keine negativen Kräfte gibt, auf die Probe gestellt.

Wenn ich zugeben müßte, daß meine Arbeit in Türnich durch eine mir noch unbekannte Macht absichtlich gestört und schließlich verunmöglicht wurde, müßte ich auch die Einteilung der Welt in das Gute und das Böse annehmen. Das würde mich natürlich zum Kampf gegen das Negative zwingen, wenn ich die

---

★ Die Ausstrahlung des Bodens – die Aura der Erde – sollte unter gesunden Umständen so hoch sein, daß der aufrecht stehende Mensch darin vollständig eingebunden ist. Jede Absenkung deutet auf eine Schwächung des Ortes hin.

Lithopunktur in Türnich weiterführen wollte. Um mich dem sich anbietenden Dualismus zu entziehen, beschloß ich, beharrlich nach eigenen inneren Makeln zu suchen und auch die Möglichkeit einzubeziehen, daß ich in Türnich einen grundsätzlichen Fehler begangen haben könnte, der als Folge den unaushaltbaren Druck der Gegenkräfte ausgelöst hätte.

Ich fuhr zurück nach Slowenien. Zu Hause, weit weg von Türnich, habe ich mich ganz dem eigenen Klärungsprozeß gewidmet. Die Meditation, die ich schon jahrelang täglich übe, führte ich nun konsequenter in mein Leben ein, um eine Stufe innerer Klarheit zu erreichen, auf der ich die leise Stimme des höheren Selbst besser erspüren könnte, um in Zukunft willkürliche, unbewußte Handlungen bei der Arbeit mit den Schwingungsbereichen zu vermeiden.

Es ist eine kreative Art von Meditation, bei der ich keinem festgelegten Muster folge.* Ich versuche, ehrlich mir selbst gegenüberzusitzen und den Verlauf der Betrachtung den inneren Impulsen folgend zu gestalten. Dies führt unweigerlich dazu, daß ich beginne, meine Handlungen und Entschlüsse im Licht der ihnen innewohnenden Seele zu betrachten und dadurch zu fühlen, ob ich wahrhaftig bin oder ob ich einer Illusion erliege.

Im Lichte der täglichen meditativen Prüfung stellte sich bald heraus, daß meine Vorstellungen von den Kräften, die in den Schwingungsbereichen wirken, einen Schwachpunkt hatten. Aufgrund der schmerzlichen Sommererfahrungen mußte ich mir eingestehen, daß doch zerstörerische Strahlungen existieren, die keinen Platz in der kosmischen Ganzheit haben. Ohne mir dessen bewußt zu sein, hatte ich ständig jede Erscheinung der Gegenkräfte ignoriert, um der Gefahr einer dualistischen Weltanschauung auszuweichen. Um dem einen Extrem zu entgehen, bin ich in das andere gefallen. Darin bestand mein Fehler.

Ich suchte nach einem mittleren Weg zwischen meiner alten Illusion von dem allgegenwärtigen Guten und der Vorstellung einer Teilung in »das Gute« und »das Böse«. Ich glaube noch immer, daß die Lebensbereiche grundsätzlich harmonisch und ausgewogen sind. Es gibt aber ein Wesen mit freiem Willen – der Mensch –, das durch seine Gedanken, Gefühle und Handlungen in die Schwingungsbereiche eingreift und bestimmte Bewegungen anregt, die häufig zerstörerisch sind. Da die Menschheit sich im allgemeinen der empfindlichen Ätherwellen gar nicht bewußt ist, kümmert sich auch niemand darum, welche Folgen ein Haßgedanke oder ein selbstsüchtiger Umgang mit der Natur hervorruft. Es müssen dadurch ungeheuer destruktive Schwingungen zustande kommen, die selbstverständlich Rückwirkungen auf die physische Struktur der Welt haben.**

Ich war entschlossen, diese trübe Seite der Realität nicht mehr zu leugnen, sondern im Gegenteil mich im Herbst mit den unharmonischen Strahlungsbrennpunkten auseinanderzusetzen.

---

 * Vgl. William Bloom, Meditation in the Changing Times, ein Buch, bei dem ich zeichnerisch mitgewirkt habe.
** Bei meinen Workshops über das Thema, wie jeder Mensch an der Heilung der Erde mitwirken kann, betone ich, daß die Heilung wesentlich unterstützt wird, wenn man sich durch innere Disziplin von negativen Gefühlen und Gedanken befreit und dadurch nicht weiter die disharmonischen Kräfte nährt.

Es kam mir die Idee, zusätzlich zu den zwei Systemen der Steinsetzungen in Türnich – dem Feuer- und dem Wassersystem – noch ein drittes System zu gründen, durch das man auf die Wunden und Deformationen im Schwingungsbereich des Parks heilend einwirken könnte. Das dritte System wurde Neutralsystem benannt, weil es innerhalb der Polarität Wasser/Feuer eine neutrale Rolle spielt. Dies geschieht dadurch, daß Bestandteile von ihm auf beiden Seiten vertreten sind, wo immer ein Bedürfnis nach einer zusätzlichen Hilfe besteht.

Bevor ich im Herbst wieder nach Türnich fuhr, entwickelte ich eine besondere Art von Zeichen als Werkzeuge des Neutralsystems, die ich Kinesiogramme★ nenne. Sie sind als Informationszeichen für die ätherische Ebene gestaltet mit dem Ziel, bestimmte Bewegungen auf dieser Ebene in Gang zu setzen. Im Unterschied zu den Kosmogrammen sind sie ausschließlich für die unsichtbaren Strahlungsvorgänge bestimmt und bieten einem Menschen keine logisch oder gefühlsmäßig begreifbare Botschaft an.

Kinesiogramme sind meist aus zwei Elementen komponiert, aus geraden und kurvigen Linien, die für die Yang- beziehungsweise Yin-Gestaltungskräfte stehen. Sie werden außerdem durch einen Kreis abgeschlossen, der die grundsätzliche Harmonie dieser Kräfte darstellt. Im Prozeß der Gestaltung eines Kinesiogramms biete ich diese drei Bestandteile als Sprachelemente der Intelligenz des Ortes an, dem das Zeichen dienen soll. Dabei öffne ich mein Bewußtsein und biete es an als Schöpfungsfeld, auf das der Geist des Ortes einwirken kann. Wie ein Medium bin ich einerseits auf den *genius loci* konzentriert, andererseits gebrauche ich meine Intuition und die Radiästhesie-Instrumente, um seine leisen Andeutungen in konkrete Formen zu übersetzen.

In der Nacht vor meiner Rückreise nach Türnich am 11. Oktober 1987 hatte ich einen Traum★★, in dem mir meine Aufgabe klar geschildert wurde. Ich befand mich in einem relativ dunklen Raum, in dem ich sämtliche Dinge aus verschiedenen Winkeln zu fotografieren hatte. Ich widmete mich ganz dieser Aufgabe, war aber unglücklich darüber, daß es kein Fenster gab, das mein Werk durch mehr Licht verbessert hätte. Ich war schon mit den Aufnahmen fertig, als ich bemerkte, daß es doch ein Fenster gab, das aber durch eine Ansammlung von häßlichen Abfallgegenständen zugestopft war. Ich wurde wütend, daß ich das Fenster nicht früher gesehen hatte, um mehr Licht in den Raum zu lassen. Es war in dem Traum besonders deutlich zu sehen, daß das Fenster von einer Seite durch einen Abfallhaufen zugeschüttet, von der anderen Seite aber durch Kleidungsstücke verdeckt war.

Während meiner Bahnfahrt von Ljubljana nach Köln hatte ich 14 Stunden Zeit, über diesen Hinweis zu meditieren. Darin war bildhaft der Grund meines Mißerfolgs in Türnich verdeutlicht. Das zugeschüttete Fenster stellte das Beispiel eines Strahlungspunktes dar, der durch bestimmte Mißhandlungen »umgedreht«

★ Aus »kinesis« (Gr.) – die Bewegung – und »gramma« (Gr.) – das Schriftzeichen.
★★ Träume verstehe ich als bildhafte Übersetzung einer Botschaft, die man durch Intuition
   über Schwingungen empfängt. Man kann unterscheiden, ob es sich um eine relevante
   Botschaft handelt oder einfach um Äußerungen der eigenen Energiesysteme, die in
   bildhafter Form auftauchen.

war, so daß er anstatt zu strahlen, Energie aufsaugt und dadurch einen Ort entleert, den er in Wirklichkeit mit seiner Schwingung speisen sollte.

Ich konnte es kaum erwarten, wieder in Türnich zu sein, um als erstes die Störungspunkte im Energiefeld zu finden und mich damit auseinanderzusetzen. Der Traum hatte mir geholfen zu verstehen, daß gewisse Störungspunkte durch die Anhäufung von durch den Menschen chaotisierten und verkehrten Schwingungen zustande kommen. Sie gleichen einem Abfallhaufen. Die zweite Sorte von Störungsgründen – das Fenster war auf einer Seite durch menschliche Hüllen verdeckt – sollte ich erst später während der Herbstarbeit in Türnich verstehen.

Die ersten beiden Störungspunkte im Park wurden auf ähnliche Weise gefunden wie der Quellpunkt zwischen den beiden Platanen. Ich habe das schmerzhafte Gefühl des vergangenen Sommers in meiner Psyche reproduziert und dabei fein gelauscht, aus welcher Richtung ich ähnlich gestörte Schwingungen »höre«. Dadurch wurde ich zu zwei Stellen im Park geführt, an denen ich dann die ersten Kinesiogramme eingemeißelt habe.

Die erste Stelle befindet sich in der Nähe des Schutzsteines im Ahorndreieck. Schon früher hatte man bemerkt, daß ein alter Flieder, der dort wächst, seit Jahren krank und fast gestorben war. An dem Punkt wurde ein niedriger Dreiecksstein in die Erde gesenkt und mit einem Kinesiogramm versehen. Der Form nach erinnert das Zeichen an die übliche Darstellung des heiligen Georg, der mit der Lanzenspitze in einen Drachen sticht.★

Während der Arbeit am Stein habe ich mich beharrlich auf diesen unglücklichen Punkt konzentriert, um zu erfahren, wie es zur Störung des Ortes gekommen war. Ich fand heraus, daß sich hier wie in einem Brennpunkt überflüssige Yin-Schwingungen angehäuft hatten, die an sich nicht störend sind. Wenn sie sich aber dermaßen an einem Punkt konzentrieren, wirken sie wie Gift auf den Ätherorganismus des Ortes, weil sie das Gleichgewicht zerstören.★★

Da der Park nach dem Krieg nicht mehr gärtnerisch gepflegt wurde, hatte er sich über die Jahre in eine Wildnis verwandelt. Dieser chaotische Zustand hat weit aus der Umgebung die Yin-Kräfte angezogen, die durch die Technisierung der Landwirtschaft aus der Landschaft verdrängt werden. Bei einer rationalen Landbestellung sind nämlich nur die produktiven Kräfte erwünscht, die energetisch gesehen Yang-Kräfte sind. Die Yin-Kräfte, die die Natur für die Aufrechterhaltung des Lebens dringend braucht, werden durch die Formen der Landbearbeitung, durch Maschineneinsatz und Giftausstreuung einfach verbannt, weil sie äußerlich nutzlos erscheinen.

Der verwilderte Park wurde zu einem idealen Zufluchtsort für die Yin-Kräfte, da die Yang-Strenge der Parkordnung weitgehend durchbrochen war. Als durch die Restaurierung der letzten Jahre der Park seine Kulturform wiedererhielt, wurde

---

★ Die Drachenkampfdarstellung läßt sich als ein Urbild der Erdakupunktur verstehen. Der Drache als Symbol der aus der Balance geratenen Ätherkraft wird durch die Lanze (Akupunkturnadel) ins Gleichgewicht gebracht.

★★ Auch bei den stofflichen Giften geht es gewöhnlich nicht darum, daß ihre Bestandteile an sich »schlecht« wären, sie treten nur in einer solchen Konzentration auf, daß sie für den Körper unaushaltbar sind.

das Gleichgewicht zwischen Yin und Yang wiederhergestellt. Damals war man sich noch nicht der Tatsache bewußt, daß jede Handlung im Rahmen eines Biotops ernsthafte Folgen auf der Schwingungsebene auslöst, um die man sich kümmern muß. Die überflüssigen Yin-Kräfte, die keine Funktion im Rahmen des neuen Gleichgewichts erfüllen konnten, hatten sich letztlich um den Brennpunkt unter dem Flieder konzentriert und wurden zu einem störenden Strahlungspunkt des Parks.

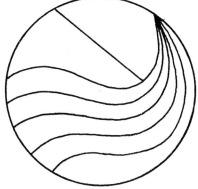

Kinesiogramm am Fliederbusch

Wir haben das Kinesiogramm unter den Flieder gelegt. Das Zeichen sollte die Auflösung dieser Yin-Ätherformen bewirken, damit sie als Schwingungen wieder frei werden, auf die Urelementarebene aufzusteigen und dadurch in den Lebenszyklus zurückzukehren.

Der zweite Störungspunkt wurde schon bei den ersten Steinsetzungen im Park erwähnt. Es handelt sich um den Kreuzungspunkt der Feuer- und Wasserlinien an der Stelle, die dem Lindenkranz gegenüberliegt. An dieser explosiven Stelle hatte sich eine andere Art von gestörten Schwingungen angesammelt, die durchaus nicht harmlos waren. Bevor an dieser Stelle die Steinsetzung mit einem Kosmogramm und einem Kinesiogramm stattfand, konnte man einem Menschen Übles antun, indem man ihn für einige Minuten auf den Punkt stellte. Schon wurde einem schwindelig, und Kopfschmerzen tauchten auf...

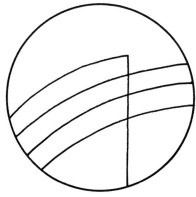

*Kinesiogramm des Zwillingssteins
vor dem Lindenkranz*

Die Zwillingssteinsetzung beim Lindenkranz
mit Kosmogramm (oben) und Kinesiogramm (unten)

Ich glaube, an dieser Stelle ging es um eine Anhäufung von »Abfallschwingungen«. Sie entstehen schon jahrhundertelang dadurch, daß verschiedene Aspekte
der Naturwelt mißhandelt werden. Der Mensch hat keine Ahnung, wieviel Übel
sein selbstsüchtiger und uneingestimmter Umgang mit dem Umweltleben auf

78

der Schwingungsebene verursacht. Die dadurch entstandenen chaotisierten und »umgedrehten« Schwingungen werden aus der Zirkulation ausgeschlossen, die durch die Ley-Linien in der Landschaft angeregt wird. Es geht um einen Kreislauf zwischen dem kosmischen Energievorrat auf der Urelementarebene und der formgebundenen Verkörperung der Schwingungen auf der physischen Ebene.

Die ausgeschlossenen Schwingungen bleiben in der Ätherebene hängen und konzentrieren sich an bestimmten unausgeglichenen Strahlungspunkten, stören die Umgebung und warten auf ihre Erlösung aus diesem unglücklichen Zustand. Das Kinesiogramm, das hier in den Stein eingemeißelt wurde, hält das Auflösen der eingefrorenen »Abfallschwingungen« dauernd in Bewegung.

Da der Park in einer engen Wechselbeziehung zur Kapelle steht, war zu vermuten, daß auch die Kapelle solche heilenden Eingriffe brauchte. Tatsächlich war die Krise in der Kapelle schon einige Wochen, bevor ich im Oktober wieder nach Türnich kam, ausgebrochen. Der marmorne Wandbelag in der Apsis wurde plötzlich so naß, daß die Steinplatten zu »blühen« anfingen. Die Apsis schwitzte so gefährlich, daß man starke Entfeuchtungsmaschinen in der Kapelle installierte, um eine Zerstörung zu verhindern. Sie liefen eine Woche hindurch Tag und Nacht.

Die Aktion blieb aber ohne Erfolg, die Kapelle schwitzte weiter. Da erinnerte sich Graf Godehard an einen geopathogenen Punkt★ in der Kapelle. Man kannte diesen gefährlichen Punkt durch ein scheinbar zufälliges Detail aus Erzählungen: Immer wenn ein neues Küchenmädchen seinen Dienst antrat und das erste Mal mit der Familie der Messe in der Kapelle beiwohnte, fiel es in Ohnmacht, nachdem es einige Zeit auf dem Platz über dem Störungspunkt gesessen hatte, der traditionell für die jüngste Küchenmagd vorgesehen war. Beim zweiten Mal war das Mädchen wohl schon an die giftige Strahlung gewöhnt.

Man kann sich leicht vorstellen, daß im Rahmen des durch die Steinsetzungen erhöhten Schwingungsfeldes dieser Störungspunkt zu einer gesteigerten Aktivität angeregt wurde. Die Äthergestalt der Kapelle mußte darunter leiden, was sich im Wasserschweiß manifestierte. Der Störungspunkt im Bodenmosaik ist nämlich ein Teil des wäßrigen Brennpunktes unter dem Bodenmosaik, den ich als den Yin-Pol der Kapelle erwähnte. So wird verständlich, daß die Reaktion der Kapelle in einer Wasserform erfolgte.

Durch eine besonders für diesen Notzustand gestaltete Meditation in der Kapelle gelang es Graf Godehard, das Gleichgewicht in der Kapelle wiederzuerschaffen. Die Feuchtigkeit in der Apsis verschwand nach einigen Stunden. Der geopathogene Punkt ist seitdem nicht mehr zu finden. Man glaubte, nun sei mit der Kapelle alles in Ordnung. Das war es aber nicht.

Eines Abends, als ich von der Arbeit im Park nach Hause kam – während meiner Tätigkeit in Türnich wohnte ich im Schloßnebengebäude –, blieb mein Blick im Vorzimmer eine Zeitlang unbewußt an einer Uhr hängen, die da zufällig auf einem Regal lag. Es war ein Wecker, wie man ihn sonst in der Küche braucht, um die Kochzeiten zu bestimmen. In dem Augenblick begann eine andere Weckeruhr

---

★ Ein Störungspunkt irdischen Charakters; von »gē« (Gr.) – die Erde – und »pathos« (Gr.) – das Leiden.

in der Küche zu läuten! Das Läuten nahm kein Ende, obwohl es sich um eine in den Herd eingebaute Uhr handelte, die schon lange nicht mehr gebraucht worden war.

Dieses unglaubliche Zusammenspiel zweier Wecker empfand ich als ein Warnzeichen. Es ist ein fester Bestandteil meiner persönlichen Disziplin, auf die Zeichen, die mir aus der Umwelt entgegentreten, zu horchen. Dadurch daß ich diesen scheinbaren Zufällen Aufmerksamkeit schenke, werde ich häufig auf Andeutungen anderer Intelligenzen aufmerksam, die an den schöpferischen Prozessen, die ich leite, unsichtbar mitwirken. Auf diese Weise nehme ich in manchen Fällen meinen Eigenwillen zurück bei Vorgängen, die ihrer Natur nach andere Lebewesen auf verschiedenen Ebenen einbeziehen.

Es gibt sicher unterschiedliche Wege, wie man auf die Zeichen, die einem entgegentreten, reagieren kann. Bevor man etwas unternimmt, gilt es jedenfalls herauszufinden, worum es sich eigentlich handelt. In den Fällen, wo ich keine Ahnung davon habe, wie zum Beispiel bei der Koinzidenz zweier Wecker, stelle ich die notwendigen Fragen einfach zurück an die imaginäre Warnquelle. Um telepathisch zufriedenstellend kommunizieren zu können, formuliere ich die Fragen immer so, daß sie eindeutig durch ein »Ja«- oder »Nein«-Gefühl beantwortet werden können. Die Fragen werden als Behauptungen formuliert. Um die Antworten der Warnquelle zu erkennen, kann man sämtliche Methoden verwenden.

Als erstes sollte man sich durch das empfangene Zeichen zurück auf seine Quelle konzentrieren. Dann wird die Behauptung lautlos ausgesprochen, und man lauscht auf die zurückkommende Schwingungswelle. Wenn die Antwort positiv ist, spürt man innerlich ein leicht aufsteigendes Gefühl, das einen nach oben öffnet. Wird die Behauptung verneint, so wird man gefühlsmäßig nach unten in eine Enge gezogen. Nach meiner Erfahrung kann man diese Polaritätsgefühle am leichtesten im Kehlbereich spüren. Einfacher kann man sie durch die Ying-/ Yang-Umpolungen eines Pendels feststellen. Diese Methode ist zwar einfacher, aber möglicherweise weniger zuverlässig als die Methode der inneren Unterscheidung.

Man beginnt mit allgemeinen Behauptungen, und erst wenn man eine Bejahung empfängt, geht man zur Erörterung des Gebietes über, das angedeutet wurde, und so weiter, bis man zum Kern der Sache gelangt. Mein Vorgehen im Fall der beiden Wecker war folgendermaßen:

Es handelt sich um eine Person. – Das Gefühl war »nein«.
Es handelt sich um einen Ort. – »Nein«.
Es handelt sich um einen Prozeß, der hier läuft. – »Ja«.

Nun habe ich die laufenden Prozesse in Türnich einen nach dem anderen aufgezählt:

Feuer- und Wassersysteme des Parks – Weiterentwicklung. – »Nein«.
Erweiterung des Energienetzes des Parks auf die Umgebung. – »Nein«.
Umwandlung weiterer Störstellen im Park. – »Nein«.
Heilung des Schloßgebäudes. – »Nein«.

Entschlüsselung der Kapellenoffenbarung. – »Ja«.
An dem Punkt rückt die Kapelle in den Mittelpunkt.
Die Warnung betrifft die Restaurationsarbeiten. – »Nein«.
Die Warnung betrifft die Entzifferung der Kapellensymbolik. – »Nein«.
Die Warnung betrifft das schwingungsmäßige Gleichgewicht. – »Ja«.
Es geht um eine Ergänzung der Heilungsmeditation des Grafen. – »Nein«.
Es geht um einen weiteren Störungspunkt in der Kapelle. – »Nein«.
Es geht um ein Yin-/Yang-Gleichgewicht. – »Nein«.
Es geht um ein Kinesiogramm für die Kapelle. – »Ja«.
Es handelt sich um ein Umwandlungskinesiogramm. – »Ja«.

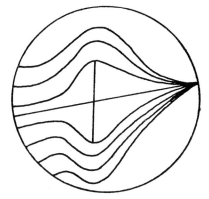

Kinesiogramm für die Malerei der Kapelle

An dem Punkt erinnerte ich mich plötzlich an die Malereien in der Kapelle, die, ganz im Geiste jener Epoche, in einer streng realistischen Manier ausgeführt sind. Im Gegensatz dazu ist die Botschaft dieser Malerei höchst abstrakt in dem Sinne, daß sie eine reichhaltige Symbolik beinhaltet. Die von dieser komplexen Symbolik ausgehende Ausstrahlung wird durch die steifen Formen der Malerei an ihrem vollen Ausdruck gehindert. Also stellte ich die Behauptung auf, daß ein Kinesiogramm in der Kapelle gebraucht wird, das die behindernde Wirkung der Malerei umwandeln würde. Die Antwort war bejahend. Noch am selben Abend wurde das Zeichen konstruiert und am nächsten Tag diskret in den Marmorbelag der linken Kapellenseite an der Sakristeitür eingemeißelt.
Dadurch daß Kinesiogramme an verschiedenen Stellen eingemeißelt wurden, war das dritte Kraftsystem Türnichs, das Neutralsystem, schon in der Entstehung. Es wird auch das System des Luftelementes genannt, komplementär zum Wasser- und zum Feuersystem. Es wird auch deswegen als Luftsystem bezeichnet, weil es grundsätzlich keine besonderen Steinsetzungen braucht, sondern sich luftähnlich über das ganze Gebiet ausbreitet.
Trotzdem hatte ich die Eingebung, auch dem Luftsystem eine symbolische Steinsetzung zu widmen. Es ging um ein Zeichen des Gleichgewichts zwischen dem Feuer- und dem Wassersystem. Eine entsprechende Stelle für den Stein habe ich am Rande des schmalen Bereiches gefunden, der zwischen den beiden Yin-Wiesen liegt. Da gibt es einen Kraftbrennpunkt, der weder Yang noch Yin strahlt. Man spürt, daß der Punkt stark energetisch aufgeladen ist und doch in seiner

möglichen Kraftwirkung zurückhaltend bleibt und keine Strahlung von sich gibt. Solche Punkte werden Neutralpunkte genannt. Sie stellen den Kraftvorrat eines Energiefeldes dar, da sie Schwingungen beinhalten, die noch nicht als Yin oder Yang bewertet und polarisiert sind.

Die Fläche war nach dem ursprünglichen Plan des Parks durch einen Kranz von Pimpernußbüschen umpflanzt worden und später von wilden Büschen zugewachsen. Bei der Parkrestaurierung wurde sie wieder freigelegt. Nun wollte ich in die Mitte des Kranzes einen rosaroten Sandstein stellen. Es sollte der einzige Sandstein im Park sein, alle anderen Steine sind Blausteine. Sie sind hart im Gegensatz zu dem weichen Sandstein. Diese exklusive Qualität setzt den Sandstein in Beziehung zu dem luziferischen Engel der Kapelle, der ebenfalls im Gegensatz zu allen anderen Engeln der Kapelle eine besondere Geste aufweist, indem er sich der physischen Welt zuwendet. Interessanterweise trägt der luziferische Engel als einziger eine Tunika, die rosarot gefärbt ist – wie der Sandstein aus der nahen Eifel.

Der rosarote Sandstein (Neutralstein) im Pimpernußkranz

Um einen passenden Stein zu finden, fuhren wir in die Eifel. Ich wollte durch den Stein die Farbe und Form der Tunika wie auch die erstaunliche Geste des Engels nachvollzogen haben. Es war fast unmöglich – und doch haben wir nach langem Suchen, als wir schon erfolglos nach Türnich zurückkehren wollten, einen solchen Felsen im Steinbruch Sefern gefunden.

Das Kinesiogramm, das an der Seite in den Felsen eingemeißelt wurde, stellt ebenfalls eine besondere Form dar. Obwohl es nach dem Kinesiogrammverfahren gestaltet ist, hat es auch den logisch verstehbaren Wert eines Kosmogramms eingebaut und erfüllt damit einen doppelten Zweck: Zum einen ist es ein Kinesiogramm des Ausgleichs zwischen dem Feuer- und dem Wassersystem des Parks, zum andern dient es auch der Eingliederung der beiden Systeme in das übergeordnete System der göttlichen Absicht für den Ort. Mit diesem Ausdruck meine ich den geistigen Plan, durch den die Kraftsysteme, Strahlungsbrennpunkte und Ätherlinien eines Ortes in die urelemenare Ganzheit der sechsten Dimension eingebettet sind.

Der Sandstein mit dem Kinesiogramm

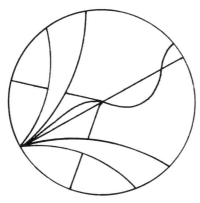

Kinesiogramm des Neutralsteins

Auf dem Kinesiogramm kann man nach links und rechts führend zwei Polaritätsströme erkennen, die durch eine Pyramide in der Mitte im Gleichgewicht gehalten werden. Darin spiegelt sich die Funktion des Felsens für das Gleichgewicht der beiden Kraftsysteme. Durch den Gipfel der Pyramide zieht sich eine Linie vertikal nach oben, die man als eine Verbindung zu der durch den Kreis verbildlichten Urelementarebene verstehen kann. Um die Linie, die ich *axis mundi*** nenne, schlingt sich der dritte Strom, der Strom des mittleren Weges. Durch die Einführung des dritten Heilungssystems hatte ich die Hoffnung, daß nun die Schwierigkeiten überwunden wären und ich mich wieder der Lithopunktur des Ortes widmen könne. Ich wollte mit den Steinsetzungen im Schloßbereich anfangen. Was mich noch zurückhielt, waren ernsthafte Störungen meines Schlafes, die mit den beschriebenen Heilungen nicht aufhörten. Schließlich konnte ich kaum noch ein oder zwei Stunden schlafen, und schon erwachte ich mit einem Furchtgefühl.

Alle meine Methoden zur Klärung, worum es sich handelt, waren nutzlos, weil ich keine Ahnung hatte, in welcher Richtung die Fragen zu stellen wären. Das Geheimnis begann sich zu enthüllen, als ich eines Abends in mein Zimmer zurückkehrte und mein Blick unwillkürlich an die Stelle auf dem Schreibtisch gefesselt wurde, wo ich gewöhnlich die Drehwinkelsonden liegen habe. Nur eine lag da, die andere war verschwunden. Es schien unmöglich, daß so etwas passieren konnte, da zu der Zeit außer mir niemand im Schloßbereich wohnte. Es konnte sich nur um ein Warnzeichen handeln. Die Sonde wurde offensichtlich dematerialisiert, um durch den Verlust eines meiner wichtigsten Instrumente meine Aufmerksamkeit für eine ungewöhnliche Botschaft zu gewinnen.

Ich wußte nicht, was mit dem Zeichen anzufangen wäre, und beschloß, schlafen zu gehen und mich am nächsten Morgen frisch der Sache zu widmen. Es gab aber keinen Schlaf. Ich wurde in einer subtilen Furcht gehalten. Dann stieg ein Gefühl des Grauens in mir auf, das sich steigerte, bis es haarsträubend wurde. Ich versuchte, durch Meditation innere Ruhe zu behalten, aber ohne Erfolg. Ein entsetzliches Grauen schien jede Zelle meines Körpers zu durchbohren. Ich versuchte zu beten, aber die Worte fielen auseinander. Schließlich habe ich Licht gemacht, um den Morgen abzuwarten.

Es dämmerte schon, als ich in einen kurzen Schlaf fiel und endlich einen Traum hatte. Ich sah ein Foto von zwei Negerjünglingen in einer Zeitung, die zwar nackt waren, deren Körper aber mit einem weißen Tuch bedeckt waren. Unter dem Foto stand auf Englisch geschrieben, der Negerverband habe wegen dieser Fotografie heftig protestiert und mit dem Gericht gedroht. Erstaunt dachte ich im Traum: ›Warum diese scharfe Reaktion?‹, da nichts Lästerliches auf dem Foto zu sehen war.

Als ich morgens dem Grafen von den nächtlichen Erfahrungen und dem Traum erzählte, teilte er meinen Traumgedanken nicht. Geradezu beschämt erinnerte er sich an eine Episode aus der Familiengeschichte, wonach sein Uronkel um die Jahrhundertwende zwei Negerjünglinge von seiner Afrikareise mitgebracht hatte nach Türnich. Sie wurden in rote Livreen gekleidet und gezwungen, in den

---

* *axis mundi* (Lat.) – die Weltachse – bezeichnet die göttliche Absicht, durch die verschiedenen Ausdehnungen der Realität bestimmte – und nicht beliebige – Formen der Manifestation anzunehmen. Es geht um eine uralte Vorstellung, daß die Welt sich um eine Achse dreht, die ich hier als das übergeordnete System bezeichne.

Wachthäuschen an den beiden Parktoren zu sitzen, um Gäste zu empfangen. Sie müssen sich in der fremden Welt völlig verloren gefühlt haben, denn der eine von ihnen starb bald im Schloß, während der andere auf ein nach Afrika fahrendes Schiff floh und unterwegs ins Meer sprang. Es war denkbar, daß der eine Negerknabe irgendwo in dem Gebäude gestorben war, in dem ich jetzt wohnte. Aus seiner geistigen Tradition herausgerissen, mußte er sterben, ohne daß jemand die ihm gemäßen Totenriten vollzog.★ Er hatte die vierdimensionale Ebene nicht verlassen können und war wohl in einer materienahen Ätherschicht »hängengeblieben«. Aus dieser Dimension heraus konnte er mich über meine Gefühle erreichen, indem er mir auf furchterregende Weise seine unglückliche Anwesenheit bewußt machte.

Ich hatte keine Erfahrungen, was zu tun sei, um der in einer unbekannten Dimension gefangenen Menschenseele zu helfen. Es mußte aber etwas unternommen werden, um wenigstens den Qualen der nächsten Nacht zu entkommen. In dieser Not habe ich mich an die Erzählungen einiger Menschen erinnert, die den klinischen Tod überlebt haben. In ihren Berichten kommt immer wieder die Vorstellung von einem Tunnel vor, durch den man im Sterbevorgang aufsteigen muß, um die höhere Seinsebene zu erreichen.

Diesen »Tunnel« kann man auch als einen Schwingungsübergang verstehen, den der Sterbende vollziehen muß, um von der physischen Weltebene durch die Ebenen der fünften und sechsten Dimension auf die geistige Ebene zu gelangen, da, wo das Leben eines Menschen in seiner Schwingungsform weitergeht.

Auch während seiner Existenz in der vierdimensionalen Ebene besitzt der Mensch einen Energiekörper, der aus der ätherischen Substanz der verschiedenen Schwingungen zusammengesetzt ist. Beim Sterbevorgang kommt es zu einer Teilung, bei der der Schwingungskörper des Menschen in das Leben der siebten Dimension übergeht, der physische Körper aber auf der physischen Ebene zurückgelassen wird, damit die darin eingebauten Elemente der Materie in den Lebenszyklus der Natur zurückgeleitet werden können. Sie stellen einen Bestandteil der physischen Natur dar.

Auf der Grundlage dieser Vorstellungen bereitete ich abends einen einfachen Ritus vor. Eine Kerze wurde angezündet, dann stimmte ich mich in die Schwingung der Negerseele ein. Ich konnte sie mit den Radiästhesie-Instrumenten klar erspüren. Nach einem Gebet sprach ich sie innerlich an, um ihr ihre trostlose Lage zu erklären. Dann gab ich mir Mühe, sie zu ermuntern, den Weg des Aufstiegs in die siebte Dimension zu betreten. Dabei versuchte ich, Liebe auszustrahlen, um ihre Sympathie für die Anweisungen zu wecken.

Als ich gefühlsmäßig eine Kommunikation zwischen uns spürte, habe ich angefangen, durch Visualisierung★★ den Lichttunnel zu bauen. Das innere Sehen

★ Alle archaischen Kulturen haben durch ihre Mythen und durch Initiationen ein bestimmtes Wissen über den Tod und das Sterben vermittelt. Dieses Wissen ging später in die heiligen Schriften der alten Religionen ein. Vgl. das Tibetanische oder Ägyptische Totenbuch.

★★ Bei der Visualisierung »schaut« man gewöhnlich mit geschlossenen Augen. Das Bild entsteht innerlich ähnlich wie ein Traumbild, nicht durch die physischen Augen, sondern durch das intuitive Wahrnehmungsorgan, das sich in der Kopfmitte befindet und mythologisch als das »Dritte Auge« auf der Stirn dargestellt wird.

gebrauche ich als eine Gestaltungsmethode gleichwertig zum physischen Meißeln. Ähnlich wie beim Meißeln ein Zeichen in die Materie eingeschnitten wird,
kann man durch die Visualisierung eine Form in die Ätherschichten einprägen. Es
handelt sich dabei um eine unsichtbare Art von Bildhauerei. Ich glaube sogar, daß
ein Steinzeichen ohne dieses Lichtzeichen gar nicht besteht. Während der
Formgestaltung wird durch die Konzentration des Künstlers bewußt oder
unbewußt das Zeichen auch in die Äthermasse eingeprägt.

Die Visualisierung kommt aber auch als selbständige Arbeit vor in Fällen, wo
zwar Bedarf an einem Zeichen besteht, man aber keine Möglichkeit hat, es in der
Materie zu verwirklichen, oder auch wenn eine »Skulptur« nur für eine Weile
gebraucht wird – wie der Lichttunnel beim Übergang der gefangenen Negerseele
aus der ätherischen in die übergeordnete geistige Dimension.

Nachdem ich das Gefühl hatte, daß der Übergang erfolgreich vollzogen war,
habe ich meine visualisierende Konzentration und damit auch die durch das innere
Sehen entstandene Tunnelform gelöscht. Die folgende Nacht erwartete ich wie
einen Test. Es würde sich zeigen, ob meine in der Not erfundene Methode der
Befreiung eines in den Schwingungsbereichen verlorenen Menschenwesens
gewirkt hatte.

Die Nacht war ruhig und traumlos. Die Geschichte mit der Negerseele hatte aber
den anderen Traum wieder aktuell werden lassen, der meine Herbstfahrt nach
Türnich eingeleitet hatte. Damals konnte ich noch nicht verstehen, warum das
Fenster, das doch Licht geben sollte, außer durch Abfallhaufen auch durch
menschliche Kleidung aller Art verdeckt war. Nun war ich auf das erste Beispiel
gestoßen, wie eine aus dem kosmischen Zyklus herausgefallene Menschenseele
eine Umweltstörung bewirken kann. In den folgenden Tagen habe ich noch fünf
weitere Störquellen dieser Art im Schloßbereich identifiziert und durch die
beschriebene Visualisierung aufgelöst.

Da wir einer Kultur angehören, die sich völlig einseitig auf die Raum- und
Zeitdimensionen konzentriert, wird die Kunst des Sterbens nicht nur vergessen,
sondern auch als etwas Unbegreifbares aus dem Kulturbewußtsein hinausge-
drängt. Als Folge kann man vermuten, daß sich unvorstellbar viele Menschen
beim Übergang zum Tod in den Schwingungsbereichen verlieren und weiter an
die physische Weltebene in der Nähe des dreidimensionalen Raumes gebunden
bleiben. Sie stören die Lebensprozesse nicht nur dadurch, daß sie den kosmischen
Reinkarnationszyklus vermeiden, sondern sie ziehen die Kraft für ihre außerhalb
der Weltordnung stehende Existenz parasitär aus dem Äthergewebe des Ortes.

Die traurige Entdeckung der vorangegangenen Wochen, daß es mindestens zwei
Arten von Störquellen gibt, regte mich dazu an, die Überprüfung von Umständen,
bei denen ein Verdacht besteht, daß sie eine Quelle für störende Strahlungen in
ihren Ätherschichten bergen, als eine Art Disziplin in mein Heilungswerk
einzubeziehen. In dem Sinne war das ruinierte Herrenhaus besonders verdächtig.
Das Schloßgebäude★ war durch die Grundwasserabsenkung schwer beschädigt.
Sämtliche ausgetrockneten Erdschichten hatten sich unregelmäßig gesetzt.

★ Das jetzige Herrenhaus wurde in den Jahren 1757–1766 nach dem Plan des kurkölnischen
Hofbaumeisters Michael Léveilly gebaut. Früher stand hier ein mittelalterliches Schloß.

Dadurch waren im Bauwerk gefährliche Risse entstanden. Das Gebäude war geräumt, die Stuckdecken abgestützt, die Wände mit Eisenstangen zusammengeschraubt worden. Nun stand es schon ein Jahrzehnt leer, die dringenden Restaurierungsarbeiten konnten noch immer nicht begonnen werden, weil der Schadensersatzprozeß gegen die Bergbaugesellschaft noch läuft.

Nun machte ich mich daran, das Gebäude radiästhetisch zu überprüfen. Das Energiegewebe der Fassadenwand war noch relativ gesund und strahlte zufriedenstellend. Im Gegensatz dazu war die Rückwand völlig schwingungslos, geradezu tot. Es war nicht herauszufinden, wie es zu diesem extremen Unterschied zwischen den beiden Schloßwänden kam.

Da ich vermutete, daß eine so riesige tote Struktur störend auf das ganze Kraftfeld des Ortes wirken mußte, habe ich nach einer Möglichkeit gesucht, sie zu beleben. Meine Absicht war, die Lebenskraft für die Wand aus dem Kraftnetz des Parks zu holen, der durch die ersten Steinsetzungen schon genügend aufgeladen war.

Eine entsprechende Möglichkeit bot sich durch einen Aquastaten an, der hinter dem Schloß, nur einige Schritte von der toten Wand entfernt, eine Spirale bildet. Folgt man dem Verlauf des Aquastaten, so wird man durch das Schloßtor in den Park zum Rand der unteren Yin-Wiese geführt. An dem Punkt mündet die Linie in eine zweite Spirale, die sich um einen Yang-Kraftpunkt drehte, der durch eine Ley-Linie mit der sternförmigen Quelle im Siebenlindenkranz verbunden ist. Genau auf dem Yang-Punkt in der Mitte der Spirale wächst eine phantastische amerikanische Roteiche.

Schon als Baumart liebt die Eiche Yang-Kraft und reagiert mit erhöhter Vitalität, wenn sie wie hier haargenau auf einem Yang-Punkt gepflanzt wird.★ Diese Eiche reagiert zusätzlich auf die spiralenartige Bewegung des Aquastats und baut sie regelrecht in ihren Körper ein: Man sieht eine gewaltige Drehung des Stammes vom Boden bis hinauf in die Krone.

Durch den Aquastaten gibt es von Natur aus eine Kraftübertragung zwischen der Eiche und dem Punkt hinter dem Schloß. Um die Lebenskraft von dort in die Schloßwand zu leiten, wurde ein besonderes Kinesiogramm in einen Blaustein eingemeißelt, der auf dem äußeren Ring der Spirale steht und auf die Schwingung des Aquastats eingestimmt ist. Das gleiche Kinesiogramm wurde in Form einer Zeichnung unter der Fensterbank des nächstgelegenen Fensters der Hinterwand befestigt. Kaum waren die zwei Zeichen angebracht, konnte man schon im Wandbereich um die Zeichen herum die Lebensstrahlung spüren.

Nun habe ich ein zweites Kinesiogramm konstruiert, das die Schwingung durch die ganze Wandstruktur verbreiten sollte. Unter jedem Fenster des Erdgeschosses wurde ein solches Zeichen befestigt. Danach konnte man schrittweise mit einem Pendel der Energiewelle folgen, die durch die Kinesiogramme ausgelöst wurde. In wenigen Minuten war die Wand vom Boden bis zum Dach voll aufgeladen. Wir hatten das jubelnde Gefühl, daß der Tod hier überwunden wurde und sich

---

★ Eine amerikanische Roteiche lebt verglichen mit den europäischen Arten nicht lange: Nach 130 Jahren müßte man schon Anzeichen des verlöschenden Lebenszyklus' bemerken wie bei den anderen Eichen dieser Art im Park. Sie wächst aber noch immer. Der Stammumfang nimmt pro Jahr durchschnittlich um 8 cm zu.

Die gedrehte Roteiche

dadurch eine unermeßliche Hoffnung für die sterbende Umwelt offenbarte. Danach habe ich täglich den Wandzustand untersucht, die Strahlung bestand weiter. Als wir aber eines Abends mit Graf Godehard an der amerikanischen Eiche vorbeigingen, bemerkte er, daß ihre Vitalität dramatisch nachließ. Ich war entsetzt: für die Wiederbelebung einer Wand sollte nicht einer der berühmtesten Bäume des Parks sterben.

Eigentlich durfte so etwas gar nicht passieren, da die Einführung der Aquastat-kraft in die Wand hinein kein Ausgießen von Energie darstellt, sondern eine Ausdehnung des Kraftfeldes in einer neuerschaffenen Richtung, die zwar künstlich angeregt wurde, aber doch in Übereinstimmung mit der Natur des Ortes entstanden war. Es mußte also einen besonderen Grund für den Kraftverlust geben. Die Wand mußte irgendwie sickern.

Um den Grund herauszufinden, setzte ich mich am anderen Morgen dicht an die Wand, um zu meditieren. Es war ein strahlender Sonntagmorgen. Während der Meditation habe ich mich in die Schwingung der Wand eingestimmt und bin schließlich mit meinem Wesen leicht in sie hineingeglitten, um ihr Geheimnis von innen zu ertasten. In dem Moment durchbohrte ein strahlartiger Schmerz mein Herz, und ich zog mich blitzschnell aus der Wand heraus, denn der Schmerz war fürchterlich.

Nun war ich dem Geheimnis auf der Spur. Ich untersuchte die Wand mit den Radiästhesie-Instrumenten Meter für Meter. Über den ersten beiden Fenstern links von der Schloßachse fand ich im ersten Stock ein »schwarzes Loch«. Das Loch sah aus wie ein Trichter, durch den die Lebenskraft sich scheinbar ins Nichts verlor. Da der Trichter in die Richtung des Hirschparks führte, ging ich dorthin, um zu sehen, worum es sich bei diesem Gebilde handelte.

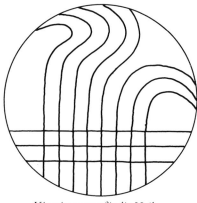

Kinesiogramm für die Heilung
der Rückwand des Schlosses

Der Trichter des »schwarzen Loches« führte in einen stark verwilderten Teil des Hirschparks hinein. Die Atmosphäre war grauenhaft – viele der Bäume dort waren vertrocknet und tot. Hier wurde die aus der Schloßwand herausgesaugte Lebenskraft von einer anderen Dimension vollständig aufgesaugt, so daß sie für mein radiästhetisches Gefühl jede Art von Existenz verlor.

Ich war erschüttert. Es mußte also doch so etwas geben wie das, was die alten Überlieferungen als die Hölle bezeichnen – ein Schwingungsbereich, der noch tiefer als die materielle Ebene zu suchen wäre. Mehr noch, es mußte auch eine Intelligenz geben, die diesen Tunnel des »schwarzen Loches« konstruiert hatte, durch den die Lebenskraft aus der Ätherebene durch die vier Dimensionen der physischen Weltebene in eine dunkle untermaterielle Ebene geführt wird.

Die sich als traurige Realität aufwerfende Vorstellung von der Hölle und dem Teufel hat mich völlig niedergeschmettert. Andererseits war mir klar: Wer sich ernsthaft der Heilung der Erde widmen will, muß damit rechnen, daß völlig unerwartete Schwierigkeiten an ihn herantreten. Ein Heiler kann einem Patienten nicht kündigen, wenn er viel schwerer krank ist als erwartet. – Das heißt aber nicht, daß man auch die Vorstellungen und traditionellen Definitionen, die sich mit einer Krankheit verbinden, annehmen muß. Im Gegenteil: Ich meine, es gehört zu den Bedingungen für eine erfolgreiche Heilung, daß man die die Krankheit begleitenden Vorstellungen durchbricht und sich eine frische und positive Einstellung gegenüber den Schwierigkeiten zu eigen macht.

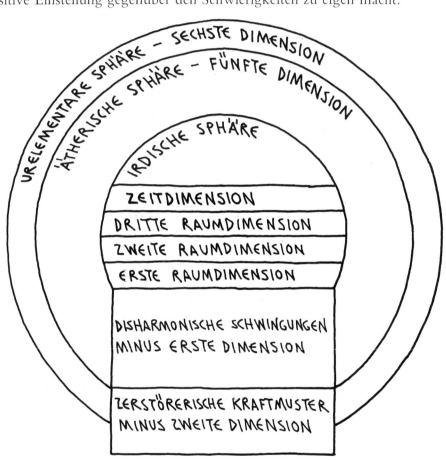

Modell des Universums mit den Dimensionen
minus 1 und minus 2

Als erstes mußte das Modell des Universums wesentlich verändert werden, das ich als eine Art Orientierungskarte bei meinen Heilungen in den Schwingungsbereichen gebraucht und das ich in meinen bisherigen Schilderungen stufenweise dargestellt habe. Unterhalb der vier Raum- und Zeitdimensionen, aus denen die physische Welt gewoben ist, muß man sich noch zwei tiefere Daseinsebenen vorstellen. Die Dimension »minus eins« entspricht spiegelbildlich der fünften Dimension und die Dimension »minus zwei« der sechsten.

Von der Dimension »minus eins« war eigentlich schon die Rede im Zusammenhang mit dem dunklen Brennpunkt der Abfallschwingungen am Lindenkranz und den aus dem Gleichgewicht geratenen Kräften am sterbenden Fliederbusch. Diese disharmonischen Erscheinungen sind aus gestörten und verlangsamten Schwingungen zusammengesetzt, die aus den gesetzmäßigen Strömungen der ätherischen Weltebene auf natürliche Weise ausgesondert werden. Dadurch bilden sie einen relativ selbständigen verdunkelten Existenzbereich. Er scheint unterirdisch angesiedelt zu sein, weil zwischen ihm und dem Ätherbereich die kompakte Sphäre der physischen Welt liegt, die noch vollständig zum göttlichen Universum als dessen dichteste Daseinsebene gehört.

Eine solche Aussonderung von disharmonischen Schwingungen ist wohl relativ und vorübergehend. Sie können durch eine Art Heilung wieder zu ihrer Ganzheit emporgehoben werden. Sie sollen wieder zu dem werden, was sie dem kosmischen Plan nach sind. Darin sehe ich den Sinn der Heilung. Heilen heißt nicht nur, etwas wieder gesund machen, was zur Zeit krank und disharmonisch ist. Heilen heißt auch, »wieder heilig machen«. Es ist eine wunderbare Ausdrucksmöglichkeit der deutschen Sprache, die darauf hinweist, daß die Schwingungen eines menschlichen Organs oder eines Ortes durch die Heilung wieder in die kosmische Weltganzheit eingebettet werden. In der Hinsicht ist jede wahre Heilung auch eine Erlösung.

Die alte Höllenvorstellung dürfte auch aus anderen Gründen nicht stimmen. Es wird behauptet, daß ein Mensch, der zum Beispiel einen Mitmenschen rücksichtslos verletzt, sich nach seinem Tode in der Hölle läutern müsse. Der Fehler liegt darin, daß einem nichtmateriellen Schwingungsbereich die Zeit- und Raumdimensionen nach dem Vorbild der physischen Weltsphäre zugeschrieben werden. Ich glaube, daß man an den »Herrlichkeiten der Hölle« schon hier und jetzt teilnimmt, indem man solche disharmonischen Handlungen begeht. Man entscheidet – ohne daß man sich dessen bewußt sein muß – in jedem Augenblick durch die Harmonie oder Disharmonie der eigenen Schwingungen, ob man sich schwingungsmäßig in der fünften oder in der »minus ersten«-Dimension des Lebens befindet.

Die Dimension »minus zwei« spiegelt auf eine verzerrte Weise die Funktion der Urelementarebene wider, in der die Archetypen der Welterscheinungen wurzeln. Anstelle der kosmischen Urbilder sind in der »minus zweiten«-Dimension von Menschen erschaffene, mit der Ganzheit des Lebens nicht übereinstimmende und zerstörerische Gedanken und Gefühle verankert, die als Kraftmuster von dort aus die Lebensprozesse und die Menschen in der physischen Welt beeinflussen. Dieser Einfluß äußert sich in Wahnvorstellungen und Hysterien, denen Menschen massenweise verfallen, wenn sie ihre innere Ruhe und die Beziehung zu ihrem wahren Selbst verlieren.

Man spricht dann von dunklen, satanischen* Intelligenzen. Ich meine aber, daß sie bewußt oder unbewußt von Menschen erschaffen worden sind. Deshalb können die verkehrten Schwingungen, aus denen sie zusammengesetzt sind,

---

* Satan ist nicht mit den luziferischen Engeln zu verwechseln. Das Wort kommt von »sátan« (Hebr.) – der Gegner.

immer wieder zurückverwandelt werden und in den kosmischen Vorrat der Schöpfungskraft eingehen. Was durch menschliche Schwäche erschaffen wurde, kann durch die Barmherzigkeit und Liebe von Menschen erlöst werden.

Ohne zu fragen, welche von den dunklen Mächten sich durch den Trichter parasitär von der Lebensenergie der Schloßwand nährte, wurde ein Kinesiogramm für die Umwandlung des »schwarzen Loches« im Hirschpark komponiert. Es sollte durch eine längere Visualisierung in das Äthergewebe jener unglücklichen Umgebung im Hirschpark eingeprägt werden.

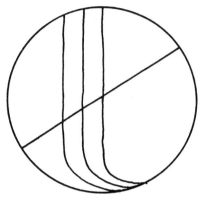

Kinesiogramm für die Umwandlung
des »Schwarzen Loches«

Um die Heilung zu vollziehen, habe ich als erstes einen Schutzmantel aus kristallweißem Licht um den Ort und auch um mich selbst herum visualisiert. Dann habe ich nach einem Platz mit reiner Strahlung in der Nähe des Störfeldes gesucht. Auf diesem Punkt stehend habe ich das Zeichen drei Minuten lang über dem Brennpunkt des »schwarzen Loches« visualisiert.

Wenn es um die Heilung eines Ortes geht, sind einige Vorbedingungen wichtig. Als erstes muß man für einen Schutzmantel sorgen. Man darf nicht zulassen, daß eine disharmonische Schwingung, die man in ihr vollkommenes Muster zurückverwandeln möchte, einfach in das Kraftfeld des Heilers übergeht. Dann ist zwar der Ort gereinigt, aber man selbst wird krank. Die um den zu behandelnden Ort visualisierte Sphäre des Schutzmantels soll verhindern, daß die betreffende Schwingung sich in ein benachbartes Kraftfeld zurückziehen und dort »verstekken« kann.

Zweitens sollte man immer einen neutralen oder aufbauend strahlenden Standplatz suchen, damit einem die eigene Schöpfungskraft während der Visualisierung nicht durch das Störfeld, das man heilen will, entzogen wird. Es ist nutzlos, für einen Ort etwas Gutes tun zu wollen und dabei die Gesetzmäßigkeiten der Schwingungsebene zu übersehen. Vor allem aber soll man liebevoll, ohne kämpferische Einstellung handeln. Es ist einfach eine anonyme menschliche Schuld gegenüber dem universalen Leben, die nun beglichen wird.

DIE STIMME
DER MEISTERINTELLIGENZ

Der Herbst war offenbar völlig der unerwarteten Entdeckung von Gegenkräften gewidmet. Es wurden aber innerhalb dieser dramatischen Vorgänge auch unauffällige Prozesse eingeleitet, die erst später, im Frühjahr 1988, zur Blüte gelangten.

Darunter sind die ersten Steinsetzungen des Feuer- und des Wassersystems im Schloßbereich zu erwähnen.

Der Schloßbereich, umgeben von zwei Wassergräben, gleicht einer Insel. Das Wasser spielte einst wohl eine Rolle bei der Schloßverteidigung, wurde aber später in eine Parkumrandung der Schloßinsel umgewandelt. Der Damm, der die zwei Wasserringe voneinander trennt, bekam einen Spazierweg, gesäumt von Bäumen, die heute zu prächtigen Riesen gewachsen sind – darunter auch die beiden schon erwähnten Platanen, die in ihrer Mitte eine Ley-Linienquelle beherbergen.

Die Ley-Linie aus der Quelle durchquert die Schloßinsel in nord-südlicher Richtung, so daß sie knapp vor dem Schloßeingang die Achse des Gebäudes kreuzt. An der Stelle pulsiert ein für das Gelände wichtiger Akupunkturpunkt, der dadurch entsteht, daß hier die Ley-Linie von einem Aquatasten aus der Kapelle gekreuzt wird. Es ist der Aquastat, der die Kapellenmitte mit der Schwelle der Lindenkathedrale verbindet. Da sich in diesem Punkt drei Schlüssel-elemente des Kraftortes Türnich treffen – die Kapelle, die Lindenallee und das Schloßgebäude als der zukünftige Sitz des Umweltzentrums –, hatte ich das Gefühl, daß hoch über dem Punkt im Schwingungsbereich die Identität des Kraftortes verankert sein könnte. Diese Annahme wird auch durch die Tatsache gestützt, daß es sich um einen Kraftpunkt an einer Ley-Linie handelt, die in Türnich selbst ihren Ursprung hat und mit ihrer Schwingung über Hunderte von Kilometern die Landschaft bis nach Fribourg in der Schweiz und weiter in Richtung Turin dadurch prägt, daß sie die Identität ihres Quellortes nach Süden trägt.

Die Identität eines Ortes wurde schon als der *genius loci* angesprochen. Man sollte sich aber den Geist eines Ortes nicht als ein abgesondertes Geistwesen vorstellen, das über dem Ort schwebt, sondern eher als ein bestimmtes Schwingungsmuster, das jedes Atom der Substanz eines Ortes durchdringt und jedem Aspekt dieses Ortes eine besondere Qualität einprägt. Es handelt sich wohl um eine Art Archetyp, der in der urelementaren Ebene wurzelt und durch sein Schwingungs-muster, das in der fünften Dimension des Ortes pulsiert, die Lebens- und Schöpfungsprozesse auf der physischen Ebene mitgestaltet, so daß sie innerlich

93

Der innere Schloßweiher

die besondere Schwingung bekommen, die diesen Ort von allen anderen subtil
unterscheidet.
Gewöhnlich kann man diese individuelle Schwingung eines Ortes nur gefühlsmäßig erahnen. Wenn man aber beharrlich sucht, kann man diese urelementaren
Muster meist auch innerhalb der physischen Struktur des Ortes manifestiert

finden, was dem kosmischen Gesetz entspricht, daß alles, was schwingungsmäßig im Weltall besteht, sich auch irgendwie auf der materiellen Ebene einschreiben muß.

Meine Absicht war es, das Identitätsmuster Türnichs zu ergründen, um es in den neuen Lithopunktursein vor dem Schloßeingang in Form eines Kosmogramms einzumeißeln. Da die Grundlagen für ein solches Zeichen in der Kapelle zu vermuten waren, habe ich mich im Anschluß an meine Morgenmeditation in der Kapelle auf den *genius loci* konzentriert und immer wieder um eine Anweisung gebeten, wo in der Kapelle die vermuteten Grundlagen zu suchen seien. Ich saß dabei auf der Neutralfläche zwischen dem Bodenmosaik und der Apsis.

Als ich nach der Versenkung die Augen öffnete, bemerkte ich plötzlich auf der Apsisbodenfläche vor mir, daß das Achteck, das den kosmischen Brennpunkt vor dem Altar bezeichnet, gar kein selbständiges Gestaltungselement ist, sondern daß es in eine viel umfangreichere Marmorplattenkomposition eingebettet ist. Es gibt fünf dunkle und dazwischen fünf helle Dreiecksstreifen, die den ganzen Apsisboden dynamisieren. Teilweise verschwinden sie oben unter dem Altar, teilweise wird ihr Lauf durch die schwarze Umrandung des Altarpodestes unterbrochen. Sie laufen jedoch auf dem Podest weiter und stellen den Untergrund dar, aus dem sich das Achteck hervorhebt.

An der Stelle, wo der Priester steht, gipfeln der zweite und der dritte dunkle Streifen zusammen mit dem in der Mitte verlaufenden hellen Streifen in einer Quadratform, die dem taoistischen Kosmogramm★ gleicht: Sie stellt ein Quadrat dar, das in neun Quadrate unterteilt ist.

Diese Form entsteht dadurch, daß die hell-dunklen Abschnitte der Streifen innerhalb eines zweiten Vierecks rhythmisch vertauscht werden. Dieses letzte Quadrat liegt schräg über dem Viereck des taoistischen Kosmogramms, so daß beide zusammen ein Achteck bilden.

Überprüft man die Streifen radiästhetisch, so findet man, daß die dunklen Streifen Yang strahlen, die dazwischenliegenden hellen Streifen aber Yin. Das Feld des Achtecks in der Mitte pulsiert abwechselnd Yin/Yang★★. Dem gegenüber liegt dicht an der Apsisschwelle eine dreigliedrige Form, die auch ausgeglichen Yin/Yang pulsiert und die an der Schwelle zum Heiligtum die göttliche Trinität symbolisiert. Die beiden ausgeglichen Yin/Yang schwingenden Formen ergänzen sich zu der Leitzahl der Türnicher Tempelanlage:

$$8 \text{ plus } 3 = 11.$$

★ Bei dem taoistischen Kosmogramm sind die neun Grundquadrate mit den Zahlen 1–9 versehen, und zwar in solcher Weise, daß die Mittelzahl 5 in der Mitte steht und die anderen Zahlen so gruppiert sind, daß sich in jeder Richtung – horizontal, vertikal und diagonal – die gleiche Quersumme, nämlich 15, ergibt.

4	9	2
3	5	7
8	1	6

★★ Das Achteck vor dem Altar wurde schon als Yang-Pol der Kapelle erwähnt. Es hat Yang-Qualität in bezug auf die ganze Kapelle, ist aber als kosmischer Brennpunkt in sich selbst ausgeglichen und pulsiert in einer Yin-/Yang-Schwingung.

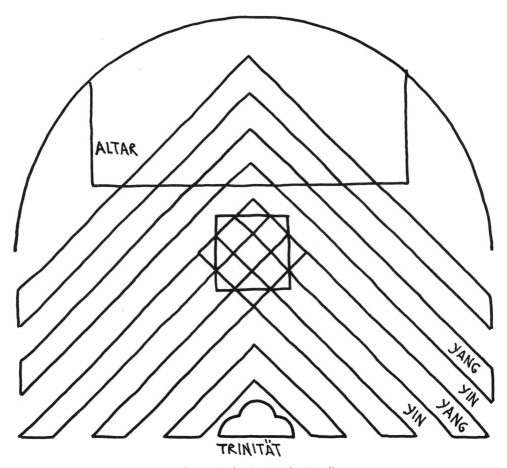

Bodenmuster der Apsis in der Kapelle

Aus den beschriebenen Elementen des Apsisbodens wurde das neue Kosmogramm so komponiert, daß diese Elemente sich rund um das keltische Kreuz in der Mitte zusammenfügen. Als dann das Schlüsselkosmogramm eingemeißelt war, zögerten wir aber, den Stein auf den Punkt an der Schloßachse zu setzen. Wir vermuteten, die Steinsetzung würde schwingungsmäßig die Achse aktivieren. Es handelt sich nämlich bei der Achse um eine potentielle Kraftlinie, die zwischen den beiden Ley-Linien verläuft, die sich an der »tanzenden Roßkastanie« im Hirschpark kreuzen. Es war völlig unvorhersehbar, wie das beschädigte Schloßgebäude darauf reagieren würde.

Unerwartet bot sich zu der Zeit die Möglichkeit, solche Fragen unmittelbar an das Meisterbewußtsein zu richten, das die führende Intelligenz eines Kraftortes darstellt.

Man spricht von einem Ort als »Kraftort«, wenn er auf der höheren Ebene betrachtet eine besondere Bedeutung für ein Land oder für eine Kultur hat und dementsprechend aus den geistigen Dimensionen durch eine Meisterintelligenz mitbetreut wird. Es gibt zwar viele Orte in einer Landschaft, die eine spezifische Struktur der Strahlungsphänomene aufweisen. Darunter findet man aber nur

Das Schlüsselkosmogramm des Kraftortes

selten einen Kraftort, wo die Kräfte verankert sind, die eine zentrale Rolle bei der Energetisierung eines ganzen Landes oder sogar des Planeten spielen. Von solchen Brennpunkten gehen zusätzlich noch die leitenden Impulse aus, die die zeitgemäße Weiterentwicklung der Kultur eines Landes anregen.

Um diese nährende Funktion erfüllen zu können, befinden sich die Kraftorte an jenen Stellen des planetaren Körpers, wo Ley-Linien sich kreuzen, wo senkrechte Verbindungen zu der urelementaren Ebene bestehen und eine Menge anderer Äthererscheinungen vorkommen, die ermöglichen, daß die Impulse aus den übergeordneten geistigen Dimensionen des Alls in die irdische Sphäre übersetzt, in die verschiedenen Richtungen des betreffenden Landes verteilt und auf alle Ebenen seiner Kultur verbreitet werden können.

Die zweite Vorbedingung, damit ein Kraftort seinen Dienst am irdischen Leben erfüllen kann, besteht darin, daß ein Meisterbewußtsein von den höheren Dimensionen aus mitwirkt; es inspiriert die Entwicklungsvorgänge eines Landes beziehungsweise einer Kulturepoche und lenkt sie innerhalb des kosmischen Musters, das diesem Land beziehungsweise dieser Epoche entspricht. Dabei darf man sich die Meisterintelligenz nicht als einen vom Rest der Menschheit abgesonderten Bewußtseinsbrennpunkt vorstellen, es handelt sich vielmehr um zwei einander ergänzende Aspekte ein und desselben Wesens.

Der Mensch ist während seiner Verkörperung auf die vier Raum- und Zeitdimensionen des Lebens konzentriert und ist in dieser relativen Begrenztheit des Bewußtseins tätig, was aber durchaus seinen Sinn hat, weil dadurch ein ungewöhnlicher, aber wichtiger Aspekt des Weltalls – die Materie – in die kreativen

Prozesse einbezogen wird, die der Mensch durch seine Intelligenz anregt. Andererseits verbleibt ein wesentlicher Teil des einzelnen Menschen und auch ein Teil der Menschheit außerhalb der Inkarnation, jenseits der fünften und der sechsten Dimension, und nimmt an den zeitlosen Ebenen des zwölfdimensionalen Kosmos teil. Beim einzelnen Menschen wird dieser übergeordnete Teil seines Wesens gewöhnlich das höhere Selbst genannt, für die Menschheit als Ganzes erfüllen diese Rolle die Meisterintelligenzen.★

Es erscheint sinnvoll, daß die beiden Enden desselben Wesens – der verkörperte Mensch und sein höheres Selbst – im Einklang atmen und wirken. Denn in dem Falle ist man gleichzeitig auf die Lebenserscheinungen konzentriert und in die Ganzheit des Alls eingebettet. Das eine ernährt sich vom anderen.

Man fragt sich, wie dieser wechselseitige kosmisch-irdische Lebensprozeß vor sich geht, da es sich um zwei scheinbar voneinander getrennte Daseinsbereiche handelt.

Die Kommunikation zwischen dem verkörperten und dem höheren Selbst ebenso wie zwischen einem inkarnierten Menschen und einer Meisterintelligenz wird durch das innere Gefühl, das man Intuition nennt, ermöglicht. Man hat eine Eingebung oder sucht ein bewußtes Zwiegespräch durch Meditation.

Auch die Vermittlung zwischen dem Meisterbewußtsein und der Menschheit findet fast ununterbrochen statt, zum Beispiel dadurch, daß einzelne Meister im Laufe der Geschichte Menschengestalt angenommen haben. Man wird an die Inkarnation des Gautama Buddha oder Jesu Christi★★ erinnert. Auf eine viel unauffälligere Weise geschieht dieselbe Kommunikation ununterbrochen dadurch, daß gewisse Entwicklungsvorgänge von der Meisterintelligenz innerlich eingeleitet und geführt werden, und daß die Menschheit darauf unbewußt reagiert und danach handelt.

Das Meisterbewußtsein kann sich aber auch durch ein Orakel mitteilen. Bei dem Begriff Orakel denken wir gewöhnlich an die antiken Stätten von Dodona oder Delphi, die sich auf besonderen Kraftpunkten befanden. Die modernen Orakel haben ihre Ortsgebundenheit und die alte zeremonielle Form transzendiert und spielen sich rein durch Bewußtseinsvorgänge ab. Die Anweisungen der Meisterintelligenz werden durch die intuitive Fähigkeit eines Menschen empfangen und gewöhnlich als Durchsage schriftlich niedergelegt. Die Vertrauenswürdigkeit eines solchen Orakels offenbart sich beispielsweise in Durchsagen von mehreren tausend Seiten Umfang, die das Lebenswerk eines Mittlers im Namen eines bestimmten Meisters darstellen.★★★

★ Wie schon erwähnt, spricht man vom Meisterbewußtsein bei einem Menschen, der die ersten sechs Dimensionen transzendiert hat und seine Entwicklung in dem übergeordneten Weltall der höheren zwölf Dimensionen fortsetzt.

★★ Diese Meisternamen sind so zu lesen, daß der erste Name den Menschen bezeichnet und der zweite Name den Aspekt des kosmischen Bewußtseins, den dieser Mensch verwirklicht hat.

★★★ In diesem Zusammenhang wäre das umfangreiche Werk Jakob Lorbers (1800–1864) zu erwähnen, der in Triest tätig war; die vielen Bücher, die Alice Bailey nach den Durchsagen des tibetanischen Meisters Dhjwal Khul geschrieben hat, das gegenwärtige Werk von Eileen Caddy aus Findhorn oder die Veröffentlichungen der Brücke zur Freiheit e. V. in Berlin.

Mit dem Prozeß der Heilung und Wiederbelebung der unsichtbaren Energiefelder des Kraftortes Türnich wurden auch die senkrechten Verbindungen des Ortes zu den höheren Dimensionen aktiviert. Es wurde schon über die mitschöpferische Beziehung zu dem Engel des Parks und zu dem *genius loci* berichtet. Nun, bei der Frage der energetischen Belebung der Schloßachse, kam es auch zu einer Kommunikation mit dem Meisterbewußtsein des Ortes. Ich glaube, daß diese Art von Kommunikation ein unschätzbares Potential in sich birgt, besonders in schwierigen Zeiten des Übergangs, was zweifellos auf unsere Gegenwart zutrifft. Das Orakel ist heutzutage leider ein öffentlich unterschätzter Beruf.

Das Aufrechterhalten der Kommunikation mit der Meisterintelligenz hat, was die Bedürfnisse Türnichs angeht, seit jenem Herbst Dr. Philippe Evrard übernommen. Das Orakel sollte nie als Ersatzmittel für die eigenen kreativen Bemühungen angesehen werden, sondern als eine frei angebotene Hilfe. Deswegen weigere ich mich, irgendwelche Fragen zu stellen, bevor ich nicht alles getan habe, was mit meiner Intuition und Einstimmung zu erreichen wäre. Doch die Frage bezüglich der Wiederbelebung der Schloßachse berührte so weitreichende Umstände, daß ich die Verantwortung nicht selbst übernehmen konnte. Es gibt wohl noch keine exakten Meßmethoden, mit denen man die Auswirkung der schwingungsmäßig wiederbelebten Achse auf die Statik der Schloßmasse hätte ausrechnen können.

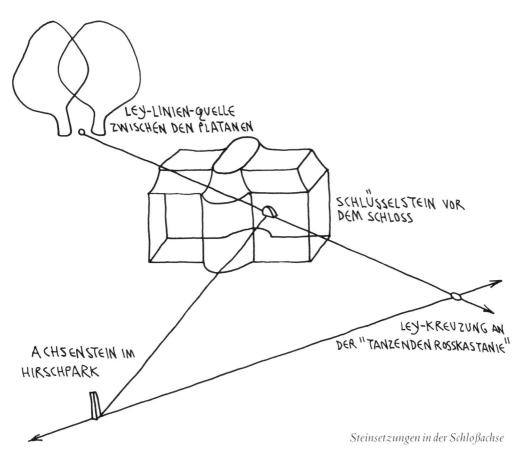

Steinsetzungen in der Schloßachse

Meine Frage lautete: »Darf man die Schloßachse in Verbindung mit den beiden Ley-Linien aktivieren?« Die Antwort hieß: »Eine Aktivierung sollte jetzt vorgenommen werden, um dadurch die höchsten Energieformen in die gesamte Schloßanlage einführen zu können. Dadurch wären dann die Voraussetzungen erfüllt, um dort eine Gesamtharmonie herzustellen.«

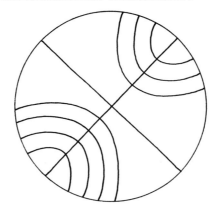

Kinesiogramm des Achsensteins im Hirschpark

Wir zögerten keinen Augenblick mehr. Der Stein mit dem Schlüsselkosmogramm wurde auf den Punkt vor dem Schloßeingang gesetzt, wo die Ley-Linie aus der Quelle zwischen den zwei Platanen sich mit dem Aquastaten aus der Kapelle kreuzt. Auf der anderen Seite des Gebäudes, im Hirschpark, wurde eine Steinnadel aufgestellt, da, wo die Linie der Schloßachse die zweite Drachenlinie kreuzt, die ich im Zusammenhang mit der »tanzenden Roßkastanie« erwähnt habe. Dadurch wurde die Schloßachse wie eine Saite zwischen zwei Drachenlinien gespannt und aus deren Schwingungen heraus energetisiert.

Daß die Voraussage des Meisterbewußtseins richtig war, zeigte sich daran, daß während des folgenden Winters im Schloßbereich als Folge dieser Aktivierung ganz neue Schwingungsverhältnisse entstanden, die eine völlig neue Gestaltung des Schloßhofes ermöglichten – doch davon werde ich später berichten.

Das Gespräch mit der Meisterintelligenz, in dem noch weitere aktuelle Fragen erörtert wurden, fand Mitte Oktober statt. Kaum waren 14 Tage seit der Aktivierung der feurigen Strahlung im Schloßbereich vergangen, bot sich schon die Möglichkeit, auch die dort schlummernden Kräfte des wäßrigen Äthers wiederzubeleben.

Ende Oktober fand im Schloß ein Seminar von Yvonne Trubert aus Paris statt, die eine weltweite Bewegung für die Wiederbelebung der geistigen Dimension des täglichen Lebens gegründet hat.★ Sie ist eine lustige, hellseherische Frau. Nach dem Seminar wollte sie die Steinsetzungen im Park besichtigen und überprüfen. Sie war von dem Park begeistert und bot an, die letzten Minuten ihres Aufenthalts zu meiner Verfügung zu stellen.

Da für das Frühjahr 1988 die Aufgabe bevorstand, den energiearmen Schloßbereich schwingungsmäßig zu gestalten, fragte ich sie, ob sie innerlich einen

---

★ Die Bewegung heißt »Invitation à la Vie« – Einladung zum Leben (IVI).

potentiellen Brennpunkt sähe, aus dem man zusätzlich bei der zukünftigen Wiederbelebung schöpfen könnte. Ohne zu zögern, führte sie mich geradewegs in den einstigen Festsaal, der in der Mitte des Schloßgebäudes liegt. Dort markierte sie mit der Schuhkante ein Kreuz in den Bodenstaub und sagte, darunter liege ein verschütteter Brunnen, der eine wichtige Rolle in der ehemaligen Schloßgestaltung gespielt habe. Man hätte diesen Einblick in die Vergangenheit durch eine Grabung überprüfen können. Aber es ging ja nicht um die Vergangenheit, sondern um eine Möglichkeit für die Zukunft. In der Tat zeigten die Drehwinkelsonden eine starke Wasserstrahlung an diesem Punkt an.

Die Yin-Kraft des wäßrigen Äthers war genau das, was im Schloßbereich gebraucht wurde, um gleich zu Beginn den Ausgleich zum Feuer der Schloßachse zu schaffen. Die Aussichten waren wunderbar, nur war es ausgeschlossen, an der Stelle eine Steinsetzung vorzunehmen. Ich schaute hilflos vor mich hin, Yvonne Trubert meinte aber, daß durch einen entsprechenden Bergkristall, den man in den Fußboden einlassen könnte, die gleiche Wirkung zu erzielen sein müßte. Die Kristalle konzentrieren nämlich die Schwingungen aus der fünften Dimension und prägen sie durch ihre eigene Ausstrahlung in die raumzeitlichen Dimensionen ein. Im nächsten Augenblick war Yvonne Trubert schon im Wagen auf dem Weg zum Flughafen.

Am folgenden Nachmittag kam nach langer Zeit Mary Bauermeister wieder einmal zu Besuch. Sie hatte ja schon einmal ihre Intuition in Türnich bewiesen, indem sie die tieferen Zusammenhänge hinter der »falschen« Linde der Allee erkannt und sie Judaslinde getauft hatte. Diesmal kam sie strahlend auf uns zu, einen schweren, in ein Leinentuch eingewickelten Gegenstand in den Armen. Niemand hatte ihr gesagt, daß seit dem Vortage ein Kristall gebraucht wurde, sie aber hatte uns einen prächtigen braunen Bergkristall als Geschenk mitgebracht.

Der Kristall wurde auf den von Yvonne Trubert bezeichneten Punkt gelegt. Bis dahin war der Punkt einsam und hatte radiästhetisch keine Verbindung nach außen gezeigt. Sobald der Kristall ausgerichtet war, konnte man eine schwingende Verbindung feststellen, die zu dem pfeilförmigen Felsen führte, der als letzter Stein des Wassersystems des Parks auf dem Damm aufgestellt worden war. Damit war nun auch der Schloßbereich an die Linien des wäßrigen Äthers angeschlossen.

Die polarisierten Grundkräfte waren nun da; was noch fehlte, war eine Leitvorstellung, wie man die Schloßinsel im Rahmen der historischen Struktur gestalten sollte. Um die Lebendigkeit dieses Bereiches zu steigern, hatte Graf Godehard die Vorstellung von zwei Wasserbrunnen. Einer sollte hinter dem Schlüsselstein vor dem Schloßeingang plaziert sein, der andere im Schloßhof in der Mitte des viereckigen Parterres zwischen den Nebengebäuden des Schlosses.

Die Gestaltung des Parterres sollte sich nach dem Vorbild eines Klosterkreuzganges richten. Die niedrigen Gebäude, die den viereckigen Hof umrahmen, sollten als Sitz der verschiedenen Institute des zukünftigen Umweltzentrums eine geistige Funktion übernehmen. Der Kreuzganggarten in ihrer Mitte hätte dann einen Sinn als Vereinigungsfeld der unterschiedlichen Wirkungsbereiche. Die Kreuzgangstruktur in der Mitte wäre ein Symbol der inneren Stille, von deren Rand aus die Aktivitäten nach außen strahlen.

Ich suchte also nach einem Kraftpunkt, der für den Brunnen als Brennpunkt des Kreuzganggartens geeignet war. Ein mittelalterlicher Kreuzgang zeichnet sich nämlich nicht nur durch eine formale Struktur aus, er ist gleichzeitig ein ganz besonders gestaltetes Kraftfeld, das gewöhnlich um den Brunnenstandort zentriert ist.

Es gab aber keinen ausgeprägten Strahlungspunkt in dem Bereich. Also suchte ich einfach nach dem Gefühl einen Punkt aus und steckte dort einen Pflock in die Erde, um den Mittelpunkt zu bezeichnen, an dem man während des Winters die gärtnerische Planung ausrichten konnte. Dann fuhr ich nach Hause, um im nächsten Frühjahr zurückzukehren und mich dann ganz in die Problematik der Schloßinsel zu versenken.

Die Kunst
der Kraftgestaltung

Im Unterschied zum Park hatte die bisherige Gestaltung des Schloßhofes keinen historischen Wert. Aus einer blassen Erinnerung an ein französisches Gartenparterre hatte man in den dreißiger Jahren eine Rasenfläche angelegt, umgeben von geometrisch beschnittenen Zypressen und riesigen Vasen aus Beton. Die Zypressen waren mindestens seit einem Jahrzehnt nicht mehr geschnitten worden, ihre Form war weder künstlich noch natürlich, sondern ganz einfach verwildert.

Im Laufe des Winters 1988 wurde das unglückliche Erbe einer Epoche, die kein Gespür für die inneren Dimensionen Türnichs bewiesen hatte, erlöst. Bei der Gelegenheit fiel uns auf, daß sich in der Mitte des Hofes ein Kraftbrennpunkt aufzubauen begann, und zwar nicht genau an dem Platz, den ich mit dem Pflock bezeichnet hatte, sondern zwei Schritte rechts davon. Radiästhetisch war das neugeborene Strahlungsphänomen zuerst als pulsierender Punkt zu spüren, der sich nach einer Woche zu einer Spirale mit einem Durchmesser von sechs Schritten entwickelte.

Kaum waren einige Wochen vergangen, da wurde entdeckt, daß die Spirale nun polarisiert vorkam. Zu der schon bestehenden Yang-Spirale, die sich nach außen richtete, hatte sich gegenpolig eine Yin-Spirale gebildet, die eingewoben in die Gegenspirale nach innen läuft. Vermutlich wurde dieser unerwartete schöpferische Vorgang einmal durch die beiden Kraftsysteme des Parks begründet, die im Herbst in Form einer Kristall- beziehungsweise Steinsetzung in den Schloßbereich eingeführt worden waren, zum anderen durch die Idee, einen Kreuzganggarten im Schloßhof zu schaffen.

Als ich im März wieder nach Türnich kam, hatte sich dieser unsichtbare Schöpfungsprozeß schon bis in die Ecken des Hofes ausgebreitet. In den vier Ecken waren rundliche Kraftfelder entstanden, die als Kontrapunkte zu dem mittleren, ausgeglichen pulsierenden Spiralenfeld zu spüren waren. Dieser Rolle entsprechend waren die vier Felder paarweise polarisiert: die beiden linken Felder strahlten negativ, die beiden rechten positiv. Ich mußte zugeben, daß in der Zeit meiner Abwesenheit eine Kraftspannung im Schloßhof entstanden war, die fast genau der schwingungsmäßigen Gestalt eines Kreuzganges entsprach. Sie war ohne Mitwirkung von meiner oder dritter Seite zustandegekommen. Man konnte nur dabeistehen und sich wundern.

Das Kraftfeld eines traditionellen Klosterkreuzgangs weist ein ausgewogenes Yin-/Yang-Strahlungsfeld in der Mitte auf, da, wo gewöhnlich ein Brunnen steht. An den vier Ecken sind entweder Yin- oder Yang-geladene Energiefelder zu finden, die diagonal polarisiert sind. Als Folge der Spannung, die unter den

Eckfeldern entsteht, pulsiert entlang dem Rundgang ein Yin-/Yang-Band, das sich von Schritt zu Schritt umpolt.★ Das ganze Kraftgewebe ist auf den Brunnenstandort hin zentriert.

Dementsprechend wurde auch für die schwingungsmäßige Mitte des Schloßhofes ein dreistöckiger Brunnen vorgesehen. Von da aus wurde die Längsachse des Gartens auf den Quellpunkt der Drachenlinie zwischen den beiden Platanen jenseits des Weihers ausgerichtet. An diesen zwei Konstanten orientiert sich das übrige Kreuzgangmuster des Gartens, obwohl dadurch eine kleine – aber sinnvolle Asymmetrie im Hof entsteht.

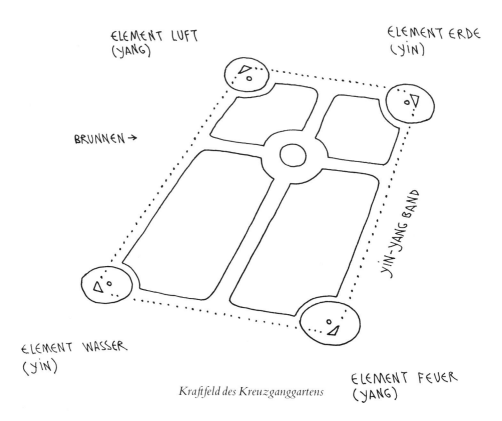

ELEMENT LUFT
(YANG)

ELEMENT ERDE
(YIN)

BRUNNEN →

YIN-YANG BAND

ELEMENT WASSER
(YIN)

ELEMENT FEUER
(YANG)

Kraftfeld des Kreuzganggartens

Der einzige »Fehler« des von dem *genius loci* erschaffenen Kraftfeldes des Kreuzgangs war die paarweise und nicht diagonal angelegte Polarisierung der Eckfelder. Um auch hier das Yin-/Yang-Band zu manifestieren, waren die Felder so umzupolen, daß beim Rundgang die Yin- und Yang-Felder abwechselnd aufeinanderfolgen würden. Diese Umpolung wurde dadurch verwirklicht, daß mitten in jedes Seitenfeld ein Achteck aus Blaustein gelegt wurde. Zwei davon haben ein Yin-Symbol eingemeißelt, die andern zwei ein Yang-Zeichen; die ersten ein nach innen, die andern ein nach außen strahlendes Sternmuster.

★ Das persönliche Kraftfeld eines Menschen, der regelmäßig auf dem Yin-/Yang-Band den Kreuzgang abgeschritten ist, wurde dadurch immer wieder ins Gleichgewicht gebracht und harmonisiert. Dies war vermutlich die Funktion des Kreuzgangs in einem Kloster.

Kaum waren die Achtecke gelegt und ausgerichtet, schon war die Umpolung vollzogen. Damit waren die Vorbedingungen für das pulsierende Band geschaffen. Als nächstes wurde neben jedes Achteck in einem gewissen Abstand ein Dreieck gelegt, so daß die im rechten Winkel stehenden Seiten der vier Dreiecke die Ausrichtung des Yin-/Yang-Bandes innerhalb des Wandelganges genau festlegten. Jedes Dreieck bekam zusätzlich ein Zeichen eingemeißelt, das eines der vier Elemente symbolisiert. Die Yin-geladenen Eckfelder wurden unter den Schutz der weiblichen Elemente Erde und Wasser gestellt, die Yang-Felder unter die männlichen Elemente Feuer und Luft.

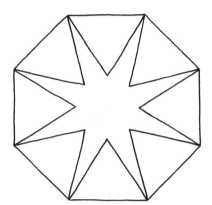 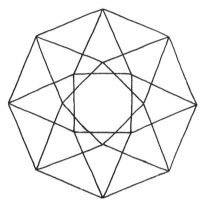

Kosmogramme der Yin- und Yang-Felder

In dieser Phase der Gestaltung bemerkte ich während einer Morgenmeditation zu meiner Überraschung, daß auch die gesamte Bodenfläche der Kapelle nach dem Vorbild eines Kreuzgangs komponiert ist. In der Mitte liegt das Bodenmosaik, das über einer Tiefwasserquelle plaziert ist. In den Ecken des Raumes befinden sich die vier Eckfelder. Sie sind auch diagonal Yin- beziehungsweise Yang-polarisiert, obwohl dafür kein äußerer Grund besteht. Die vorderen beiden Eckfelder sind durch zwei achteckige(!) Postamente gekennzeichnet, die hinteren zwei durch Steinkugeln, die auf den Ecken der Ballustrade darüber stehen. Auf den entsprechenden Punkten des Fußbodenornaments sind sie als Rundflächen angedeutet.

Es ist ausgeschlossen, daß es sich um einen Zufall handelt. Die zwei polierten Steinkugeln sind zwar »nur« mit Hilfe der Radiästhesie-Instrumente zu unterscheiden. Die zwei achteckigen Postamente sind aber auch formal mit Yin- beziehungsweise Yang-Merkmalen versehen: Die Ecken der vierseitigen Kapitelle, die die achteckigen Platten tragen, sind auf unterschiedliche Weise abgeschlossen. Bei dem Yang-Postament auf der linken Seite sind die Abschlüsse zugespitzt und scharf nach außen gerückt. Bei dem Yin-Postament sind sie abgerundet und nach innen zurückgezogen. Die zwei Yin-/Yang-Merkmale fallen kaum auf, sind aber ein wichtiges Kennzeichen der bewußten Gestaltung der Kapelle nach dem Prinzip der Bipolarität.

Von einem Eckfeld zum andern verläuft auch hier ein wechselndes Yin-/Yang-Band, sichtbar als buntes Steinplattenornament, das die Bodenfläche umrandet. Das Ornament ist aus rhythmisch sich wiederholenden Einheiten zusammengesetzt, von denen jede ein schwarzes Dreieck beinhaltet, das Yang strahlt, und eine weiß-rot-geteilte Yin-Fläche.★

Die Funktion des dreistöckigen Wasserbrunnens in der Mitte des Kreuzganggartens wird bei dem Bodenornament der Kapelle von dem Mosaik übernommen, das ebenfalls aus drei Sphären komponiert ist, die aufeinander folgen: In der Mitte die Sonne als Quelle der Lebenskraft, darauf folgt die Sphäre der Himmelskörper, die Einfluß auf die Lebensprozesse des Erdplaneten nehmen. Die dritte Sphäre zeigt ein Blumenmuster, das diese Sphäre als den Ort der stofflichen Verwirklichung kennzeichnet. Bei dem Brunnen im Garten sind diese drei Sphären als dreistufige Kaskade gestaltet.

Der Kreuzganggarten im Schloßhof

An diesem Punkt möchte ich betonen, daß mein Einsatz bei den schöpferischen Vorgängen im Schloßhof minimal war. Was die vollständige Übereinstimmung der Struktur des Kreuzganggartens mit dem Bodenmuster der Kapelle angeht, so fühle ich mich ganz und gar verdienstlos. Ich habe mir nur Mühe gegeben, einfühlsam zu sein, meine schöpferischen Ambitionen beiseite zu lassen und mich den natürlichen Vorgängen zu öffnen. Jeder kreative Vorgang beginnt für mich mit einer liebevollen Einstellung.

Man kann sich einen solchen Schöpfungsvorgang als Zwiegespräch zweier kreativer Quellen vorstellen. Eine Seite in dem Schöpfungsdialog stellt wohl der

---

★ Das Gestaltungsprinzip ist dasselbe wie bei dem berühmten chinesischen Buch der Wandlungen »I Ging«, bei dessen Hexagrammen die Yang-Linie voll ist, die Yin-Linie aber geteilt.

Mensch★ dar, der über gewisse Methoden und Werkzeuge der Gestaltung verfügt, durch die man die stoffliche Welt bewegen, wandeln und umgestalten kann. Die andere Seite verfügt über die Potenz, die schwingungsmäßigen Voraussetzungen dazu zu schaffen. Sie holt aus der kosmischen Ganzheit gezielt Schwingungsmuster hervor, die als Urbilder dienen, aus denen der schöpferische Vorgang wachsen kann.

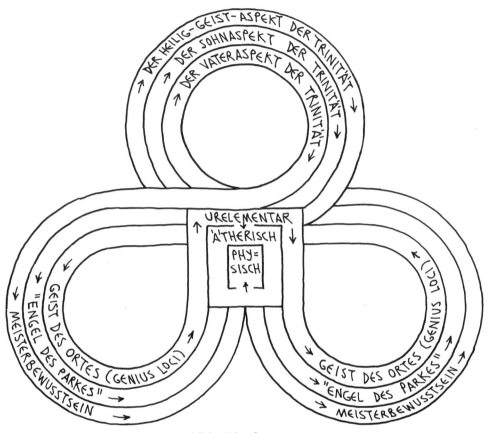

Modell des Schöpfungsvorgangs

Von den schöpferischen Intelligenzen, die die andere Seite des Dialogs vertreten, wurden schon der Geist des Ortes und das Meisterbewußtsein erwähnt. Im Zusammenhang mit der Plangestaltung für die Steinsetzungen habe ich vom Engel des Parks gesprochen. Die Engel★★ könnte man als Inspirationsträger verstehen, durch deren Vermittlung die Impulse aus dem Bereich der göttlichen Trinität an die Lebensbereiche herangetragen werden, bis zur Schwelle der

---

★ In derselben Rolle kann man sich innerhalb des planetaren Lebens auch die Natur vorstellen, wenn es sich um eine Naturschöpfung handelt.

★★ Das griechische Wort »angelos« bedeutet Bote. Bei den modernen Vorstellungen über diese Art von kosmischen Intelligenzen geht man von dieser Wurzel aus und nicht von den üblichen anthropomorphen Bildern.

vierten Dimension, wo sie durch die Intuition eines Menschen erreicht werden können.

Die Verwirklichung einer Inspiration auf der stofflichen Ebene stellt einen weiteren Satz in dem schöpferischen Zwiegespräch dar. Es wird geplant, es wird gestaltet und gearbeitet. Die feste Struktur, die dabei entsteht, bleibt nicht nur in die Gestalt der stofflichen Welt eingeschrieben, sondern prägt sich durch die Vorstellungskraft des schöpferischen Menschen auch in den Schwingungsbereich der fünften Dimension ein und wird auf diese Weise von der unsichtbaren mitschöpferischen Seite ebenfalls wahrgenommen. Darauf folgt der nächste Satz, in dem die unsichtbare Seite die neuentstandenen Formen in das Gewebe des betreffenden Energiefeldes einbindet und dementsprechend auch Korrekturen und Wandlungen verursacht, die auf die materielle Ebene zurückwirken.

Eine solche Korrektur geschah während des Gestaltungsvorgangs im Kreuzganggarten am 6. April, als der Brunnen schon auf seinem energiegemäßen Platz stand und auch der Zugangsweg, der auf die beiden Platanen jenseits des Weihers gerichtet ist, schon entlang den Seiten gepflastert war.

Ich war früh aufgestanden – es dämmerte kaum – und ging als erstes zur Meditation in die Kapelle. Unterwegs wollte ich noch den neu aufgestellten Brunnen besichtigen und mich der neuen Hofgestaltung erfreuen. Als ich um den Brunnen herumging und schließlich den Weg in Richtung Platanen betrat, spürte ich eine klare Schwingung, die am Abend zuvor noch nicht da war. Ich lief ins Haus zurück, meine Drehwinkelsonden zu holen, und war sofort zurück auf dem Gartenweg, der zum Brunnen führt. Die Sonden zeigten zweifelsfrei eine Ley-Linie an.

Es stellte sich heraus, daß es sich um die Ley-Linie handelte, die einst unmittelbar von der Quelle zwischen den Platanen zur Schwelle der Lindenallee verlief und von dort durch das ganze Naturheiligtum des Parks. Nun lief sie durch den Kreuzganggarten bis zum Brunnen und erst von dort zur Lindenallee. Der neu angelegte Garten im Schloßhof war damit zu einem Teil der Naturtempelanlage des Parks geworden.

Nun war die Reihe wieder an mir, einen weiteren Schritt im kreativen Prozeß des Kreuzganggartens zu tun. Da nach dem Übersprung der Ley-Linie der Garten zu einem Vorraum der Lindenkathedrale★ geworden war, hatte ich die Idee, den Brunnen als Lebensbrunnen zu gestalten, in dem sich die sakrale Qualität des Lebens offenbaren würde. Dadurch daß durch den Brunnen das tägliche Leben geheiligt wird, empfinde ich den Zugang zur Kathedrale geöffnet.★★

Der Brunnen ist als dreistufige Kaskade gestaltet. Das Wasser quillt oben in der Mitte heraus und fließt über drei Blausteinplatten in das Wasserbecken. In die obere Platte ist ein Kinesiogramm eingemeißelt, dessen Linien in Form von Rillen

---

★ Man findet bei mittelalterlichen Kirchen eine Art Vorbau, den man das »Paradies« nennt und der diese Funktion erfüllt. Er ist oft als Kreuzgang gestaltet mit einem Brunnen in der Mitte, wie zum Beispiel das Paradies der Klosterkirche zu Maria Laach.

★★ Dieser Weg hat nun eine energetische Grundlage, ist aber nur imaginär erlebbar, da in Wirklichkeit der Kreuzganggarten und die Lindenallee durch einen Flügel des Schloßnebengebäudes und durch die Weiher getrennt sind.

Die Achse des Kreuzganggartens ausgerichtet
auf die zwei Platanen

ausgeführt sind. Das quellende Wasser fließt in einer dünnen Schicht über die Rillen und nimmt damit die Form des Kinesiogramms so auf, daß am Rand der Rillen feine Interferenzwellen entstehen.

Daß das Zeichen eine zweifache Form hat – eine harte aus Stein und zugleich eine weiche aus Wasser – entspricht der Schwingung des Kinesiogramms, das ebenfalls gleichzeitig zwei harmonisch aufeinander eingestimmte Qualitäten ausstrahlt, die gewöhnlich als sich ausschließend gelten. Die eine ist die konzentrierte Schöpfungskraft und die andere die sanfte Kraft der Liebe.

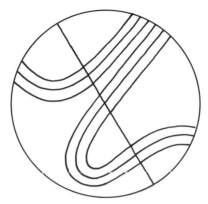

*Kinesiogramm des Brunnens
im Kreuzganggarten*

Es war für mich erschütternd, diese Versöhnung der Gegensätze während der Konstruktion des Zeichens wahrzunehmen, da ich es von jeher als schmerzlich empfinde, daß in der Welt, in die ich hineingeboren bin, die weibliche Qualität der Liebe und die männliche Schöpfungskraft★ als gegnerisch hingestellt werden, gerade so als müsse man auf die liebevolle Einstellung dem Nächsten oder der Natur gegenüber verzichten, wenn man etwas Kreatives in die Struktur unserer Zivilisation einfügen will. Wer aber bei seinen kreativen Vorhaben die Liebe als die führende Qualität aufrechterhalten will, wird leicht an den Rand des Fortschrittsstromes gedrückt.

Ich empfinde es als symbolisch, daß die Ausstrahlung dieser überraschenden Synthese über die nächsten zwei Steinplatten vom Wasser getragen wird: Es ist das herannahende Zeitalter des Wassermanns★★, das die Verwirklichung der Harmonie zwischen den bislang unversöhnbaren Gegensätzen herbeiführen soll.

Die zweite Steinplatte hat Modelle der vier Ätherformen eingemeißelt, die am häufigsten vorkommen: eine Ley-Linie, einen spiralförmigen Aquastat, eine gewundene Wasserlinie und ein kreisrundes Yin-/Yang-Feld. Sie bezeichnen die Phänomene des feurigen, luftigen, wäßrigen und des irdischen Äthers, die den von der höheren Ebene zufließenden Lebensimpulsen innerhalb der fünften Dimension eine Energiegestalt verleihen. Von da tropft das Wasser noch eine Stufe tiefer auf die dritte Steinplatte, die die stoffliche Weltebene symbolisiert.

★ Es geht dabei nicht um einen Unterschied zwischen Frau und Mann, da wir alle über beide Arten von Schwingungen verfügen.

★★ Das Wasser des Wassermanns wird symbolisch als ein Mittel der Synthese verstanden, da das Wasser, wenn es ausgeschüttet wird, sich überallhin ausdehnt und dadurch alles mit allem verbindet.

Der Brunnen im Kreuzganggarten

Der Brunnen war nun durch den Übersprung der Ley-Linie schon an das Feuersystem des Parks angeschlossen. Da es sich bei einem Kreuzgang um eine ausgeglichene Yin-/Yang-Struktur handelt, suchte ich nach einer Möglichkeit, den Brunnen auch an das Wasseräthersystem anzuschließen.

Tatsächlich gab es in Türnich schon einen Brunnen aus der Zeit der Jahrhundertwende, der aber leer und überwuchert war. Er hatte einst den Mittelpunkt eines geometrisch angelegten Gartens gebildet, der sich in der Richtung der beiden Platanen jenseits der Wasserringe befand und »Französischer Garten«* genannt wird. Seine Achse verläuft durch den Standort des ehemaligen Brunnens direkt auf den Quellpunkt der Ley-Linie zwischen den beiden Platanen zu. An dem Punkt verbindet sich seine imaginäre Achsenlinie mit der Achse des Kreuzganggartens, die von der anderen Seite kommend auf die Platanen ausgerichtet ist.

Darin lag eine Möglichkeit, die beiden Brunnen miteinander zu verbinden. Da der alte Brunnen im »Französischen Garten« über einer Tiefwasserquelle steht, könnte man die Kraft des wäßrigen Äthers aus dieser Quelle durch die verbundenen Achsen der beiden Gärten an den neuen Brunnen heranführen.

Der alte Brunnen wurde in seiner Originalform erneuert, nachdem man wußte, daß er über einer Blindwasserquelle steht. Ein Felsen aus Blaustein wurde als Brunnenstein in die Mitte des Wasserbeckens gesetzt und so ausgerichtet, daß er die Strahlung der Blindquelle aufnimmt. Von den Wasserlinien, die sich sternför-

---

* Als »Französischer Garten« wird ein symmetrisch gestalteter Park bezeichnet im Unterschied zum »Englischen Park«, der nach dem Vorbild einer natürlichen Landschaft angelegt ist.

Brunnenstein und Achse des Französischen Gartens
ausgerichtet auf die zwei Platanen

mig aus der Blindquelle ergießen, folgte ich bei der weiteren Steinsetzung jener Linie, die auf die beiden Platanen zuläuft und die die energetische Grundlage für die Achse der Gartenanlage darstellt. Sie läuft nicht nur bis zu den Platanen, sondern weiter über den Weiher und quer über den Schloßhof.

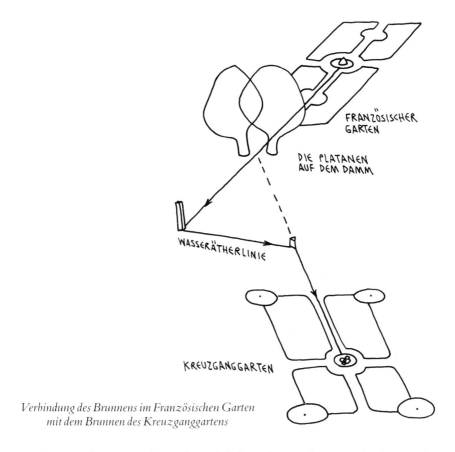

FRANZÖSISCHER
GARTEN

DIE PLATANEN
AUF DEM DAMM

WASSERÄTHERLINIE

KREUZGANGGARTEN

Verbindung des Brunnens im Französischen Garten
mit dem Brunnen des Kreuzganggartens

In dem Bereich, wo die Wasserlinie die Schloßinsel erreicht, wurde ihr Kraftstrom dadurch zurückgehalten, daß eine Blausteinsäule in ihren Schwingungsstrom gestellt wurde. Jenseits dieser Stelle kann man die Strahlung gar nicht mchr wahrnehmen; sie wurde durch die Steinsetzung in ihrem Verlauf umgelenkt. Die Steinsäule bekam ein Kosmogramm eingemeißelt, das sie in das ätherische Wassersystem Türnichs einordnet.

Kosmogramm für die Steinsäule
in der Achse des Französischen Gartens

Die Steinsäule auf der Achse des Französischen Gartens
jenseits des Weihers

Eine zweite niedrigere Dreieckssäule wurde in die Achse des Kreuzganggartens gesetzt an der Stelle, die der ersten Säule am nächsten ist. Die beiden Steine wurden so aufeinander eingestimmt, daß es zwischen ihnen zu einer Kraftübertragung kommt. Die Wasserkraft, die von der hohen Steinsäule zurückgehalten wird, wird auf die Dreieckssäule übertragen und durch die Steinkomposition des Brunnens entlang der Achse so weit in den Kreuzganggarten hineingezogen, daß der Brunnen selbst durch die Yin-Kraft des wäßrigen Äthers energetisiert wird.

Im Laufe des Frühjahrs wurde im Schloßhof noch ein dritter Brunnen errichtet, der räumlich in einem Dreieck zu den anderen beiden Brunnen steht. Er ist unter dem zweiseitigen Treppenaufgang zum Schloßeingang plaziert. Dadurch soll die Wiederbelebung der Gewässer um das Schloß herum bewirkt werden, die einen wichtigen Bestandteil des lebendigen Parkgewebes darstellen, sich damals aber noch in einem beklagenswerten Zustand befanden.

Das Wasser für den Weiher wird aus dem unglücklichen Fluß Erft hergeleitet, der unter schwerer Verschmutzung leidet. Die im Wasser aufgelösten Schadstoffe sind nicht nur für das organische Leben giftig, sondern vernichten und chaotisieren auch das ätherische Wassergewebe. Als Folge davon nähern sich die Gewässer immer mehr dem energetischen Tod und verlieren die Kraft, die doch eigentlich die Lebensvorgänge im Wasser und in der umgebenden Landschaft anregen sollte. Dieses katastrophale Schrumpfen der Wasserstrahlung wirkte sich natürlich auch auf den wiederbelebten Raum des Parks und der Schloßinsel aus.

Es wurde nach einer Methode gesucht, wie man die Gewässer um das Schloß verwirbeln könnte, da durch Verwirbelung das Wasser seine natürliche Kraftstruktur zurückerhält. Das geschieht in der Natur, wenn Wasser über Kies, Stein oder Fels läuft und dabei Wirbel erzeugt. Da es sich bei dem Schloßweiher um ein fast stehendes Wasser handelte, mußte die Verwirbelung künstlich hervorgerufen werden. Diesen Dienst sollte der dritte Brunnen leisten. Allerdings konnte man nicht die gesamte Wassermenge der Verwirbelung unterziehen, sondern nur eine homöopathische Menge.★

Das Wasser aus dem Weiher wird zum höchsten Punkt des Brunnens vor dem Schloßeingang hinaufgepumpt. Der Höhenunterschied läßt das Wasser von dort auf natürliche Weise zurückfließen. Dabei läuft es durch drei steinerne Verwirbelungsschalen, wobei es zweimal links- und dazwischen einmal rechtsdrehend verwirbelt wird.★★

Nachdem das Wasser die letzte Wirbelschale verlassen hat, wird es um den bereits beschriebenen Stein geleitet, in den das Schlüsselkosmogramm des Kraftortes eingemeißelt ist. Da dieser Stein auf die kosmische Kraft der Ley-Linie eingestimmt ist, die vom Quellpunkt an den beiden Platanen über den Schloßhof verläuft, bekommt die Ätherstruktur des Wassers an dieser Stelle noch die kosmische Strahlung der Ley-Linie eingebaut, die sie bereichert. Von dort aus windet sich das Wasser wie ein Bach in einer organischen Form durch den Hof zurück zum Weiher. Das Bachbett ist mit Kieselsteinen ausgelegt, so daß entlang dem Wasserlauf noch weitere Wirbel entstehen.

★ Es läuft also nur eine kleine Menge des aus der Erft zufließenden Wassers durch die Verwirbelungsanlage. Das übrige Wasser empfängt die Information der reenergetisierten Wasserstruktur durch diese relativ geringe Menge.

★★ Den Plan für die Verwirbelungsschalen hat der Schweizer Berater des Umweltzentrums Türnich, Norbert Seiler, entworfen.

Der gewundene Bachlauf aus dem Wasserwiederbelebungsbrunnen
vor dem Schloß

Der sich schlängelnde Wasserlauf prägt nun dem Hof vor dem Herrenhaus eine organische – Yin – Charakteristik ein. Demgegenüber stellt der Kreuzganggarten im anderen Hofteil eine geometrische – also Yang-orientierte – Qualität dar. Die beiden Hofteile ergänzen einander ähnlich wie das Schiff der Kapelle mit seinem Yin-Zentrum und der Apsisraum mit dem Yang-Brennpunkt vor dem Altar. Auch der Park ist schwingungsmäßig aus zwei komplementären Hälften komponiert: Der Vitalbereich mit dem Wasseräthersystem einerseits und der Sakralbereich mit dem Feuersystem andererseits.

Zwischen den beiden Parkbereichen liegt eine Neutralzone, die durch den rosaroten Sandstein bezeichnet ist. Auch zwischen der Apsis und dem Bodenmosaikfeld in der Kapelle liegt ein Neutralfeld. Es ist das einzige Bodenfeld der Kapelle, das weder durch einen Yin- beziehungsweise Yang-Brennpunkt, noch durch die drei Wassertunnel unter dem Fußboden bestrahlt wird. Es wurde schon angemerkt, daß solche neutralen Bereiche nicht leer sind, sondern daß sie einen Energievorrat darstellen. In einer Kommunikation mit der Meisterintelligenz des Ortes habe ich nach dem Sinn der Neutralzonen gefragt. Die Antwort lautete: »Sie gehören zu den energetischen Mitteln, die euch in einem späteren Zeitabschnitt zugänglich sein werden. Sie jetzt in Betracht zu ziehen, ist verfrüht, da sich dort latent Energien bewegen, die sich auf einer der physischen Wirklichkeit vorgelagerten Ebene erst dann manifestieren werden, wenn die geistigen Tätigkeiten* fest etabliert sind und umgesetzt werden.«

---

* Mit den »geistigen Tätigkeiten« sind die Aktivitäten des Umweltzentrums gemeint, die eine wesentliche Erhöhung der Schwingungsqualität des Kraftortes zur Folge haben.

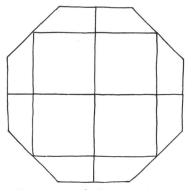

Kosmogramm für die Neutralzone

*Der Schloßhof mit dem organischen Garten links
und der geometrischen Struktur des Kreuzganggartens rechts.
Der Achteckstein in der Mitte bezeichnet die Neutralzone*

Auch in der Mitte zwischen dem Kreuzganggarten und dem Wasserlauf ist eine umfangreiche Neutralzone zu finden. Sie wird nun durch ein Achteck aus Blaustein bezeichnet, das in der Hofmitte liegt. Darin sind zwei sich ausgleichende Vierecke eingemeißelt, eines hat die vier Ecken nach außen, eines nach innen gerichtet.

Während der Hofgestaltung hat sich die Aussage des Meisterbewußtseins über die weitreichende Bedeutung der Neutralzonen bestätigt. Als der Achteckstein auf den Hof gelegt und probeweise ausgerichtet wurde, war festzustellen, daß nur eine einzige Position der Schwingung des Neutralfeldes entspricht, obwohl diese einzigartige Vibration so schwach zu sein scheint, daß man sie mit einem Radiästhesie-Instrument gar nicht feststellen kann.

117

Wurde der Stein nur um einen Millimeter aus seiner optimalen Position verdreht, so war dadurch die ganze Energiestruktur des Kreuzganges gestört. Man konnte spüren, wie die einzelnen Kraftmuster – zum Beispiel die polarisierten Eckfelder – ins Schwanken gebracht wurden. Verstellte man den Achteckstein noch weiter in der falschen Richtung, gab es ein Gefühl, als stünde die ganze minutiös ausgearbeitete Kraftstruktur des Gartens vor dem Zusammenbruch. Man konnte unmittelbar spüren, welch schöpferische Empfindsamkeit eine Kraftgestaltung verlangt.

Dies widerspricht völlig der gewohnten Vorstellung von einer Energiespannung im Zusammenhang mit Kraftgestaltung, als müsse es sich um gewaltige oder gar explosive Vorgänge handeln – weit gefehlt.

Der heutige Mensch kennt nur den physischen Aspekt der Energie, der eher unharmonisch vorkommt, oft sogar zerstörerisch wie die Atomkraft, die Kraft eines Benzinmotors oder die elektrische Kraft, die aus einer Hydrozentrale strömt. Dies rührt daher, daß die moderne Technologie die überstofflichen Dimensionen der Realität ignoriert und sich der universellen Energie bedient, als wäre sie lediglich ein Aspekt der vierdimensionalen physischen Welt.

Die alternative Vorstellung, die hier erörtert wird, sieht in der übergeordneten fünften Dimension den natürlichen Kraftspeicher, in dem jeder Aspekt der physischen Wirklichkeit »schwimmt«. Es ist eine Illusion, daß die Lebensprozesse, die auf der stofflichen Ebene vorkommen und offensichtlich eine bestimmte Kraft beinhalten, nur der physischen Realität angehören. Sie sind in Wirklichkeit eine Synthese aus den schwingungsmäßigen Kräften der unsichtbaren Dimension mit bestimmten irdischen Elementen. Wenn dieser zweistufige Synthesevorgang harmonisch vor sich geht*, gibt es auf der physischen Ebene keine eruptiven Krafterscheinungen, und doch bewegt sich das Stoffliche wie von einer inneren Kraft getragen.

In die materielle Welt hinuntergerissen, verhält sich die schwingungsmäßige Kraft zerstörerisch, weil sie ihre eigene Vibration verloren hat und nun den Abfallschwingungen gleicht, von denen im Zusammenhang mit der unterirdischen »minus ersten«-Dimension gesprochen wurde. Diese zerstörerische Eigenschaft von disharmonisierter Energie kann zwar die moderne Technologie scheinbar kreativ einsetzen, indem sie unsere Maschinen treibt, die Folgen dieser Nutzung sind aber als höchst tragisch erkennbar: in Form der Umweltzerstörung.

Nachdem die drei Brunnen mit den zugehörigen Gartenanlagen verwirklicht waren, blieb von den grünen Flächen der Schloßinsel nur ein enger Streifen hinter dem Herrenhaus ungestaltet. Dort in der Mitte endet die Spirale des Aquastats, durch den die Kraft von der Stelle der amerikanischen Roteiche im Park in die energetisch tote Hinterwand des Schlosses geleitet wurde. Durch das runde Kraftfeld der Spirale laufen zusätzlich die Linien beider polarisierten Kraftsysteme Türnichs: Die Ley-Linie der Schloßachse und auch eine Linie des wäßrigen

---

* Darin deutet sich die Möglichkeit einer völlig anderen, grundsätzlich harmonischen und »weichen« Technik an, die auf der Idee der Kraftgestaltung basiert, wie sie im Zusammenhang mit der Gestaltung des Kreuzganggartens dargestellt wurde.

*Das Spiralfeld hinter dem Schloß mit der dreifachen Steinsetzung
und der Schloßachse*

Äthers, die den mit dem Kristall bezeichneten Punkt in der Schloßmitte mit einem weiteren Wasserpunkt im Hirschpark verbindet.

Da das Aquastatfeld selber dem Neutralsystem angehört, bot das runde Feld die einmalige Gelegenheit, die drei Systeme Türnichs nebeneinander zu bezeichnen.

Ein Blaustein mit dem Kinesiogramm für die Wandwiederbelebung stand schon an dem Platz. Dazu wollte ich noch zwei weitere Steine für die anderen beiden Kraftsysteme aufstellen. Ich hoffte, schon im Frühjahr damit fertig zu werden, es gab aber ein unklares Gefühl, das mich zurückhielt. Ich war sogar schon in den Steinbruch gegangen, um die Steine zu holen, fand aber keine, die der Schwingung des Ortes entsprochen hätten.

In solchen Fällen finde ich es gerechtfertigt, das Meisterbewußtsein zu fragen, obwohl ich sonst meine, daß man eine solche Möglichkeit nicht ausnützen darf, um den Schwierigkeiten, die die eigene Kreativität mit sich bringt, zu entfliehen. Die Frage lautete: »Gibt es neben den drei Verbindungen, die wir kennen (Ley-, Wasser- und Luftaspekt) noch eine vierte Dimension für den Punkt hinter dem Schloß?« Die Antwort war im ersten Moment enttäuschend: »Ein zusätzlicher Aspekt besteht auf der jetzigen Stufe der dortigen geistigen Entwicklung nicht. Es werden euch nach einer Vertiefung noch weitere Aspekte enthüllt. Die Mitteilung ›erfolgt‹ nach Vertiefung der geistigen Tätigkeit.«

Merkwürdigerweise gab es bei dem Ausdruck »jetzig« ein Gefühl, als wäre das Wort zweimal unterstrichen worden. Es galt also, die anderen schöpferischen Prozesse weiterzuführen und dabei zu lauschen, wann die Zeit reif wäre, daß sich ein neuer Aspekt des Kraftfeldes hinter dem Schloß offenbart. Zur Zeit gab es in meinem Bewußtsein noch keinen Anhaltspunkt für einen weiteren Aspekt.

Ende des Sommers hatte uns zu Hause in Sempas Olemara Peters aus Amerika besucht, eine Lehrerin der Kinesionik★. Sie hatte während des Sommers eine innere Berufung erhalten, mit den Linien des »feurigen Wassers« zu arbeiten, die sich von der Sonne im Sinne der ätherischen Ebene durch das solare System ausbreiten. Aufgrund dieser Vorstellung wurde der Begriff der solaren Linie geboren.

Als ich im Herbst wieder nach Türnich kam, war ich neugierig, ob man innerhalb des Kraftortes eine solare Linie erspüren konnte. Zunächst war davon keine Spur, statt dessen gab es aber eine bislang unbekannte Disharmonie im Schloßhof, die meine volle Aufmerksamkeit auf sich zog und bewirkte, daß die Frage der Solarlinien vergessen wurde.

Es stimmte etwas nicht mit der Linie des wäßrigen Kraftsystems, die den Brunnen vor dem Schloßeingang mit dem pyramidenförmigen Stein im Ilexkranz des Parks verbindet. Daß die Linie eine Disharmonie aufwies, konnte man daran erspüren, daß der Bereich vor dem Brunnen Yang strahlte an der Seite, wo die Verbindung zum Ilexkranz verläuft, was unvereinbar ist mit einer Linie des wäßrigen Äthers. Da war offensichtlich ein Kampf zwischen Wasser- und Feuerschwingungen im Gange, der mich besonders in der Nacht gefühlsmäßig störte. Als ich so während einer schlaflosen Nacht an diesem Problem spann, durchfuhr mich ein Gedankenblitz, hinauszugehen und mich mit den Drehwinkelsonden auf den gestörten Punkt an der Seite des Brunnens zu stellen.

Die Sonden zeigten tatsächlich kein Wasser an. Statt dessen konnte man durch das Hin- und Herwinken der Sonden den Herzschlagrhythmus erspüren, den ich mit

---

★ Kinesionik ist eine Schule, die lehrt, wie man sich vor den destruktiven Einflüssen der Umwelt schützen kann. Als Grundlage dient der Muskeltest.

Das solare Kosmogramm

dem Begriff einer Solarlinie verbinde. Dieser Vibration ging ich schrittweise nach und wurde so geradeaus in den Park geführt, bis zu dem pyramidenförmigen Stein im Ilexkranz.

Danach habe ich das Meisterbewußtsein gefragt, was eine Solarlinie für das hiesige Leben bedeutet. Die Antwort hieß: »Es bedeutet die Konzentration auf die äußerst wichtige Zusammenarbeit zwischen der sakralen Ebene und den Urelementen der Schwingungen★. Die Solarlinie regt im Rahmen dieser Parkkonstellation eine ausgeprägte Wechselwirkung zwischen der sakralen und der urelementaren Schwingungsebene an.«

Dann wurden die vier Punkte genannt, an denen bisher der Herzschlagrhythmus erspürt wurde: außer der Pyramide im Ilexkranz noch der Siebenlindenkranz, der Punkt zwischen den beiden Platanen und der Punkt vor dem Altar in der Kapelle. Die Antwort auf die Frage, ob diese Punkte mit der solaren Kraft zu verbinden seien, war bejahend: »Alle genannten Punkte sind als Ausdruck solarer Energie zu bezeichnen. Ein gemeinsamer Ursprung ist ihnen gegeben, auch wenn eine Verbindung in der physisch dynamisierten Welt nicht vorkommt.«

Um diese Botschaft in die konkreten Umstände zu überführen, in denen sich die Solarlinie zwischen dem pyramidenförmigen Stein und dem Brunnen vor dem Schloß befand, wurde an der Seite des Pyramidensteines ein Kinesiogramm eingemeißelt, das der schwingungsmäßigen Unterscheidung zwischen dem wäßrigen Äther der Wasserlinie und der kosmischen Schwingung der Solarlinie dient. Das Zeichen hat die Form eines Kreuzes, bei dem die Horizontale den irdischen Charakter der Wasserlinie bezeichnet und die Vertikale die kosmische Qualität der Solarlinie.

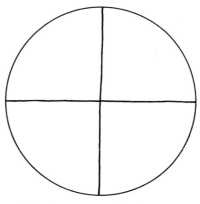

*Kinesiogramm zur Scheidung von
Wasserlinie und Solarlinie*

Seitdem das Kinesiogramm eingemeißelt ist, verlaufen die beiden Linien getrennt in einem winzigen, aber entscheidenden Winkel auseinander. Die Wasserlinie ist auf den Brunnen konzentriert und die Solarlinie auf den davor stehenden Stein mit dem Schlüsselkosmogramm des Ortes. Von dem Punkt läuft die Solarlinie entlang der Schloßachse weiter in Richtung Westen, so daß sie auch das Spiralfeld des Aquastats hinter dem Herrenhaus durchquert. Aus diesem Grund kann man

---

★ Als sakrale Ebene wird hier die ätherische Ebene bezeichnet im Unterschied zu der profanen Qualität der physischen Ebene. Die Urelemente stellen die Archetypen dar, in denen einzelne Schwingungen verwurzelt sind.

die Solarlinie als das vorher unbekannte vierte Element des Aquastatfeldes betrachten.

Einer der drei Steine, die in diesem Kraftfeld stehen sollten, wurde nun auf die Solarlinie eingestimmt und bekam ein Zeichen eingemeißelt, das man als Kosmogramm der solaren Energie deuten kann.

Nach den Angaben der Meisterintelligenz stellt die Solarlinie einen Kraftstrom dar, durch den sich die Schwingungen der urelementaren sechsten Dimension auf die untergeordnete Ebene der fünften Dimension hinunterlassen, wo sie zu den unterschiedlichen Äthererscheinungen umgebildet werden. Dieser Vorgang, durch den das planetare Äthergewebe aus dem Herzen der solaren Intelligenz mit Schwingungen gespeist wird, ist in dem Kosmogramm durch zwei Spiralen verbildlicht, die so miteinander verbunden sind, daß sie das Gesicht der »Mutter Sonne« andeuten. Die Makrospirale an einer Seite des Zeichens kann man als Symbol der übergeordneten Urelementarebene verstehen und die Mikrospirale an der anderen Seite als ein Synonym für die Ätherebene.

Wie in den meisten Fällen fand ich die Vorlage für das solare Kosmogramm in der Kapelle. Ich hatte mich wiederholt auf die Schwingung des Engels der Kapelle eingestimmt und mich dabei auf das gesuchte Zeichen konzentriert, und immer wieder wurde ich in Richtung eines Gemäldes an der rechten Seite des Zugangs zur Apsis verwiesen. Dort ist ein goldenes Band auf blauem Grund gemalt mit den acht Seligpreisungen, die der Meister Jesus sprach.★ Dazwischen sind überall zweiarmige Spiralen eingewoben, die mir als Inspiration für das solare Zeichen gedient haben.

Es ging aber nicht nur um die Spiralen, sondern auch um den Schrifttext, in dem bestimmte menschliche Verhaltensqualitäten als wertvoll und aufbauend hervorgehoben werden. Es muß sich um eine Art solaren moralischen Kodex handeln, sonst gäbe es nicht die ausdrückliche Verbindung zwischen dem solaren Kosmogramm und dem Text der Seligpreisungen. Um diese Verbindung zu begreifen, müßte man den Schrifttext in heutige Ausdrucksformen übersetzen.

Nimmt man beispielsweise den dritten Vers aus dem goldenen Band in der Kapelle, der heißt: »Selig sind die Sanftmütigen«★, so ist man als moderner Mensch schockiert, denn man ist es gewohnt, alles zu tun, nur weil es machbar ist, ohne sich innerlich zu fragen, ob es nicht irgendeinen Aspekt des universalen Lebens verletzt. Bedenkt man den furchtbaren Zustand unseres Planeten★★, wie er durch das gewalttätige, selbstsüchtige und gefühllose Verhalten des Menschen den Lebensprozessen gegenüber entstanden ist, dann erscheint sanftes, liebevolles und gewaltloses Verhalten sinnvoll. Eigentlich dürfte man die Erde gar nicht bewohnen, wenn man nicht lernt, feinfühlig und rücksichtsvoll mit ihren Lebensbereichen umzugehen.

Von den anderen beiden Blausteinen, die zusammen mit dem Solarstein im Garten hinter dem Herrenhaus stehen, ist einer der Kraftverbindung zu der

---

★ »Selig sind die Sanftmütigen, denn sie werden das Erdreich besitzen.« (Matth. 5,3) Vgl. Ken Carey, Terra Christa.

★★ Artensterben, Ausbreitung der Wüsten, Immunschwäche, Zerstörung der Atmosphäre, Chaotisierung des Wassers, Waldsterben..., um nur einige Stichworte zu nennen.

hinteren Schloßwand gewidmet und der andere dem Wasserelement. Der letzte leitet die Linie des Wasseräthersystems von dem Punkt in der Mitte des Schloßgebäudes weiter in Richtung Hirschpark, wo sich der nächste Brennpunkt in Form eines Ringes aus fünf Blausteinfelsen befindet, der wiederum mit dem Brunnen des »Französischen Gartens« verbunden ist.

Zu der Zeit, als ich auf eine Eingebung wartete, wie das Kosmogramm für den Wasserstein zu gestalten sei, hat mir Graf Godehard »zufällig« die Holzvertäfelung gezeigt, die einst die Wände der Eingangshalle des Herrenhauses geschmückt hatte. Die Holzschnitzereien sind überwiegend aus Geflechtmustern komponiert.★ Darunter hat mich eines tief beeindruckt, das aus einem einzigen Band so geflochten ist, daß man darin fünf fischähnliche Formen erkennen kann, die *vesica piscis*★★ genannt werden.

Vesica piscis ist ein uraltes Christussymbol, das zustande kommt, wenn zwei Kreise sich schneiden. Stellt man sich vor, daß ein Kreis den Vateraspekt der Gottheit symbolisiert und der andere den Mutteraspekt, dann bezeichnet die Fischform, die durch das Überschneiden der beiden Kreise geboren wird, den göttlichen Sohn – den Sohnaspekt Gottes oder den Christus. Die Form, die durch die Überschneidung zweier Kreise entsteht, birgt in sich die Vollkommenheit der beiden Kreise, weist aber auch zwei Spitzen auf, die die Individualität des Sohnes beziehungsweise der göttlichen Tochter bezeichnen. Ich sage »die göttliche Tochter«, weil ich die patriarchale Einschränkung des Sohnaspekts der Trinität aufheben möchte.

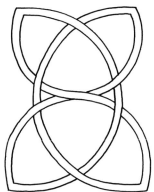

Das Christus-Kosmogramm auf dem Stein hinter dem Schloß

Bei dem Kosmogramm für den Wasserstein kommen fünf solche Fischblasenformen zustande. Die mittlere ist größer und dominant, die anderen vier sind kreisartig an die breite Mitte angeschlossen. Darin kann man das Urbild von Christus sehen, umgeben von den vier Evangelisten, durch deren Wort die Lehre Christi der Menschheit übermittelt wurde. Die vier Evangelisten mit ihren

---

★ Es fanden sich darunter sämtliche Geflechtmuster, die an die schon eingemeißelten Kosmogramme des Wassersystems erinnerten.

★★ *Vesica piscis* (Lat.) – die Fischblase. Die Fischblasenform kommt oft in der keltischen Kunst vor, aber auch in der christlichen Mandorla, in der der auferstandene Christus verbildlicht wird.

*Die Tabernakeltür mit der Darstellung des
kosmischen Christus*

Symbolen – Löwe, Stier, Adler, Engel – bezeichnen die vier Arten, in denen sich eine kosmische Kraft verwirklichen kann: die feurige, die irdische, die luftige und die wäßrige Art.★

Die dominante Fischform des Kosmogramms entsteht durch das Zusammenwirken der vier Unterformen. Darin ist ein weiteres Symbol enthalten: das Symbol der Wiedergeburt Christi; er wird immer wiedergeboren, wenn die Menschen in seinem Namen leben und handeln. »In seinem Namen« heißt in Liebe und in der Verbundenheit mit der kosmischen Ganzheit.

Diese Ganzheit wird dadurch angedeutet, daß das ganze Kosmogramm aus einem unendlichen Band gewoben ist. Die Art aber, wie das Zeichen aus diesem Band geflochten wird, deutet auf das Prinzip der selbstlosen Liebe. Es ist wohl die Anziehungskraft der Liebe, die im Kosmos alles mit allem verbindet. Man kann in der Weise, wie das Band verläuft, diese verbindende Kraft erspüren. Um sie in ihrem Wesen als eine Kraft der Liebe zu verstehen, müßte man das Kosmogramm im Spiegel der Abbildung sehen, die den kosmischen Christus★★ darstellt und die sich auf der Tabernakeltür in der Schloßkapelle befindet.

Die beherrschende Figur der Darstellung ist der Pelikan, die vier Nebenformen kommen hier als vier junge Pelikane vor, die in einer Dornenkrone nisten. Der Pelikan als eine urbildliche Christusgestalt öffnet mit dem Schnabel sein Herz, um mit dem eigenen Blut seine Jungen zu ernähren. Das Blut ist ein Symbol des lebenspendenden Geistes, der ein kosmischer Geist ist. Deswegen ist das Blut nicht als rot, sondern als golden verbildlicht.

Das Bild ist zusätzlich mit Sternen besät, die eine kosmische Tiefe empfinden lassen. Dabei kommt zweimal eine Formation von drei Sternen vor, die das Christusbildnis in die göttliche Trinität einfügen sollen, und zweimal eine Formation von elf Sternen. Die 11 als die Leitzahl der Türnicher Tempelanlage findet sich einmal über dem Pelikan und einmal unter der Dornenkrone, die als Nest wohl unsere Erde bezeichnet. Das Dornennest als Zeichen für die Erde ist für sich betrachtet ein reiches Symbol. Darin spiegelt sich die Rolle des irdischen Lebens bei der Selbstentfaltung des Menschen: Durch die oft schmerzlichen Erfahrungen des irdischen Lebens wächst der Mensch stufenweise in das Urbild des Christus hinein, der das höhere Selbst des Menschen darstellt.

Im Lichte dieser Darstellung kann man das bereits erwähnte Kosmogramm des Wassersystems als ein Christussymbol sehen, das komplementär zum Kreuzsymbol ist. Eigentlich würde ein Kreuz entstehen, wenn man die vier Bögen, aus denen das Zeichen zusammengestellt ist, so auseinanderziehen würde, daß sie die Spur ihrer Bewegung hinterließen. Man hat das Gefühl, daß das Kreuz nur den Yang-Aspekt des Christusprinzips symbolisiert und daß das fischartige Kosmogramm unentbehrlich als komplementär dazugehört, damit die Liebe als der Yin-Aspekt des kosmischen Christus nicht vergessen wird.

★ Die Symbole der vier Evangelisten und der vier Elemente werden auf dem Altar der Schloßkapelle in Form eines Frieses miteinander verglichen. Auf der rechten Seite des Tabernakels sind die Zeichen der Evangelisten, auf der linken die der Elemente.

★★ Der Ausdruck »kosmischer Christus« soll andeuten, daß Christus im Sinne des göttlichen Logos der Träger des ganzen Kosmos ist.

Tatsächlich wurde der Fisch im Anfangsstadium des Christentums als ein dem Kreuz gleichwertiges Christussymbol behandelt.★ Darin drückt sich die ursprüngliche Gleichwertigkeit aus zwischen der »organisatorischen« männlichen Seite des Christentums – dargestellt durch das Kreuz – und der weiblichen Seite der Christusüberlieferung, die im Prinzip der Liebe wurzelt★★ und durch die Fischblasenform bezeichnet wurde.

Dabei möchte ich betonen, daß es sich nicht um Liebe als eine Idee handelt, sondern um die Art, wie man das Christusbewußtsein im täglichen Leben verwirklicht, eben dadurch, daß man liebt.

★ Außerdem ist »Ichtis« (Gr.) – Fisch – aus Buchstaben zusammengesetzt, die das Christusmonogramm bilden: Jesus Christos Theou Hyios Soter = Jesus Christus, Gottes Sohn, Heiland.

★★ Man spricht von der petrinischen und der paulinischen Linie des Christentums – vertreten durch den heiligen Petrus als Kirchenoberhaupt und den heiligen Paulus als den Apostel der Liebe. In der paulinischen Linie entstanden Bewegungen wie die Gnostiker, die Bogumilen oder die Katharer, die alle von seiten der petrinischen Linie unterdrückt wurden.

Weitere Raumheilungen

Es ist offensichtlich, daß die Kapelle einen unvorstellbaren Reichtum an Symbolen und Botschaften innerhalb ihres Energiegewebes trägt. Dieser Reichtum war aber nicht von Anfang an frei zugänglich. Überall gab es Blockaden, durch die die komplexe Symbolik mit den entsprechenden Ätherkräften völlig überschattet war. Bevor diese Verblendungen nicht umgewandelt und gereinigt waren, konnten die davon betroffenen Bereiche der Kapelle nicht gelesen werden.

Anfangs war von der falschen Taube auf dem Verkündigungsgemälde die Rede, durch die die Beziehungen der Kapelle zu dem Leben des Ortes überschattet waren. Die Blechverkleidung der wahren Tabernakeltür, die den Pelikan als das Liebessymbol Christi bedeckte, war ein zweites Beispiel dafür. Anstelle der Darstellung der Liebe als einer kosmischen Kraft, waren da die drei Golgathakreuze und darunter die Aufschrift »LIEBE«, durch die verbal versprochen wurde, was dahinter als tatsächliche Kraft verborgen blieb.★

Während der Arbeiten im Schloßhof tauchte eine weitere mehrschichtige Blockade auf. Es begann mit einem Traum, den ich in der Nacht zum 21. April 1988 hatte. Ich sah eine Reihe von verschiedenen ordentlich zusammengefalteten Kleidungsstücken von Personen, die meinem Gefühl nach verstorben waren. Die Kleidung, die einer Person gehörte, bildete jeweils einen eigenen Haufen, es gab zehn davon. Einige darunter gehörten offensichtlich Soldaten. Der letzte Haufen mußte von einem »Helden« stammen, denn man konnte einige Orden sehen, und die Kleidung selbst war vom Glanz des Ruhms umgeben. Das Gejammer meines Traumbegleiters riß mich aus dieser Betrachtung heraus. Er hielt einen Bund Schlüssel in der Hand und zeigte mir ein buntes Kärtchen, das von dem Bund abgefallen war.

Die Botschaft des Traumes war unmittelbar verständlich. Durch die Steinsetzungen und die neue Kraftorganisation der drei Brunnen war die Intensität des allgemeinen Schwingungsfeldes von Türnich noch wesentlich gesteigert worden. Als Folge davon wurden neue Schwierigkeiten ans Licht getragen, die in einer tieferen Schicht der untermateriellen Dimensionen noch versteckt waren. Als erstes wurde ich offensichtlich mit einer Gruppe von zehn Menschenseelen konfrontiert, die irgendwo im Schloßbereich in der »minus ersten«-Dimension aus irgendeinem Grund hängengeblieben waren, statt sich nach ihrem Tod schwingungsmäßig in die höheren Dimensionen zu erheben.

★ Wie erwähnt, wurde die Blechverkleidung im Herbst 1988 abmontiert.

Um die Frage zu beantworten, wo sie zu suchen waren, bin ich der letzten Andeutung des Traumes gefolgt und habe mich zu dem Kästchen begeben, in dem die Schlüssel für die unzähligen Räume des Schloßkomplexes hängen. Sorgfältig betrachtete ich die einzelnen Kärtchen, die an den Schlüsseln befestigt sind. Und wirklich konnte ich darunter eines finden, das dem Kärtchen im Traum glich.

Es war ein Schlüssel, der die Tür eines ehemaligen Badezimmers im Herrenhaus öffnet. Dieser unglückselige Raum war erst in den fünfziger Jahren dieses Jahrhunderts eingerichtet worden. Wegen des Mangels an Toiletten im Schloß nutzte man damals die Gelegenheit aus, daß man vom ersten Stock des Gebäudes durch eine Tür unmittelbar in den Dachbodenraum über der Kapelle gelangen konnte. Dort hat man so geschickt einen kleinen Raum eingerichtet, daß, wer immer ihn benutzte, gar nicht merkte, daß er sich über dem sakralen Raum der Kapelle befand.

In Wirklichkeit ist dadurch ein gefährlicher Gegenraum zu der Kapelle entstanden, ein Raum, der den extrem irdischen Tätigkeiten gewidmet ist und doch hoch über dem den kosmischen Dimensionen gewidmeten Tempelraum plaziert war.

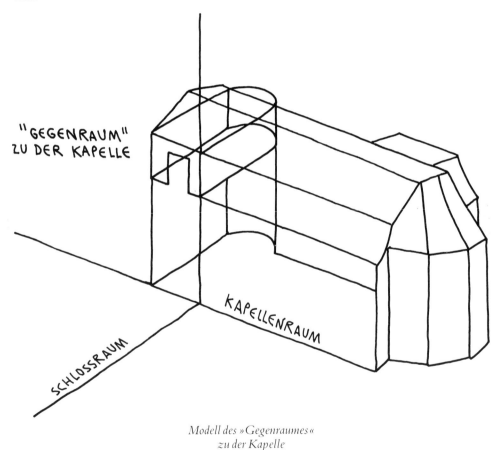

Modell des »Gegenraumes«
zu der Kapelle

Diese blasphemische Verkehrung der naturgemäßen Raumfunktion hatte dazu geführt, daß sich hier verschiedene Gegenkräfte ansammelten, die nun, geklammert an die Raumstruktur des »Gegentempels«, auf ihre Erlösung warteten. Als erstes wurden – in ähnlicher Weise wie seinerzeit die gefangene Negerseele – die zehn Seelen befreit, die ich in Erinnerung an den Traum an ihrer Kleidung wiedererkannte. Obwohl ihr Aufstieg in die übergeordneten Dimensionen erfolgreich war – was auch von Dušan und Vladimir, zwei feinfühligen Mitarbeitern aus Slowenien, bestätigt wurde –, gab es die ersehnte Ruhe im Schloßbereich noch nicht.

In den folgenden Nächten wurde ich regelmäßig um Punkt halb zwei geweckt. Danach war kein Schlaf mehr zu finden, obwohl die Atmosphäre schwingungsmäßig ruhig zu sein schien. Es mußte aus einem verborgenen Winkel eine Störung auf mein Energiefeld eingewirkt haben. Erst nach tagelangem Suchen erkannten wir ihren Ursprung. Es handelte sich um ein Gebilde aus disharmonischen Gedanken, die in der »minus zweiten«-Dimension über die ganze Schloßinsel verteilt waren, ihr Zentrum aber in dem unglücklichen Badezimmer über der Kapelle hatten.

Die giftige Gedankenkraft hatte mit der Religionspraxis zu tun, die wohl jahrhundertelang hier geübt worden war. Irgendwann wurde vergessen, daß es sich bei der Religion* um das atmende Leben handelt und nicht um Vorschriften, Rituale und Dogmen. Wenn dieses einfache Wissen in einer Kultur verlorengeht, entstehen religiöse Beziehungen und Handlungen, die nicht mehr der Stärkung des ursprünglichen Einsseins eines Menschen mit den kosmischen Dimensionen des Lebens dienen. Statt dessen entsteht die Gefahr, daß die bei den religiösen Aktivitäten angesammelte Energie eine parasitäre Gedankenform nährt, die man unglücklicherweise für göttlich hält.

Ich hatte das Gefühl, daß diese Gedankenform so ungeheure Ausmaße hat und so sehr durch die ganze moderne Kultur gestützt wird, daß für die Umwandlung ihres Türnicher Brennpunktes meine bisherigen Werkzeuge nicht ausreichend vielschichtig wären. Also ließ ich meiner Vorstellungskraft freie Bahn, um aus Bestandteilen verschiedener Künste ein einheitliches Umwandlungsritual zu schaffen. Ich suchte nach Farben, geometrischen Formen und Tönen beziehungsweise Intervallen, durch deren Vibration die giftigen Gedankenformen in ihre verschiedenen Schwingungsbestandteile zerlegt wurden, um sie letztlich in reine Schwingungen umzuwandeln.

Schließlich ist ein Ritual entstanden, das – umrahmt von Gebeten – aus elf Sequenzen komponiert ist. Jede Sequenz besteht aus einem Tonintervall, das mehrmals hintereinander gesungen wird, um seine Schwingung in die Umwelt einzuprägen. Gleichzeitig werden entsprechende geometrische Formen in ausgewählten Farben visualisiert. Dabei ist das Ertönen der Intervalle zusammen mit den Farb- und Formschwingungen als eine Einheit zu betrachten.

Das Umwandlungswerk wurde in der Kapelle vollzogen. Gesungen hat Christa Langen, die eine ausgezeichnete Musikerin ist, während der Rest der Gruppe den

---

* Der Begriff »Religion« bedeutet »sich mit der kosmischen Ganzheit wiederverbinden« – von »re-ligare« (Lat.) – rückbinden.

Farb- und Formenteil der Partitur visualisiert hat. Unmittelbar danach wurde durch Philippe Evrard das Meisterbewußtsein des Ortes gefragt, ob die Umwandlung der alten religiösen Gedankenform vollständig gelungen war, oder ob wir zusätzlich noch etwas unternehmen sollten.

Die Antwort lautete: »Die Umwandlung ist nicht zu vertiefen, da die Konzentration eine ausreichende Stufe erreicht hat. Die Unvollkommenheiten wurden durch heutige Handlungen umgewandelt in wichtige förderliche Formen, die sich in einer konstanten höheren Energie in der Kapelle niederschlagen werden.«

Dieser Kommentar begeisterte mich nicht nur, weil darin bestätigt wurde, daß durch ein imaginativ erschaffenes Kunstwerk konkrete Heilung vollzogen werden kann, wovon ich seit langem träumte; noch wichtiger fand ich die Andeutung, daß durch den Umwandlungsvorgang die einst störenden Kräfte zu einem Segen für denselben Ort werden. Auch darauf hatte ich nur hoffen können, den Versprechungen der alten Märchen folgend, wo sich durch die Liebe eines Jungen die böse und giftige Schlange in eine wunderschöne Prinzessin verwandeln ließ.

Ich glaube, daß die Neuweihung der Schloßkapelle an die heilige Elisabeth von Thüringen als Weihung an die heilenden Kräfte der Umwandlung gedeutet werden kann. Das Wunder nämlich, das die heilige Elisabeth vollbracht hat, ist die Umwandlung harter Brotkrusten in zarte Blumen. Ihr Mann hatte sie erwischt, als sie einen Armvoll Brotkrusten in ihrer Schürze versteckt zu den Hungrigen trug. Als er wütend die Schürze aufschlug, fand er darin einen Arm voll Blumen.

Es muß einen wesentlichen Grund geben, warum der alte Schutzpatron der Schloßkapelle, der Erzengel Michael, bei der Einweihung der neuen Kapelle im Jahre 1893, an der Schwelle des 20. Jahrhunderts, seine Ergänzung durch die heilige Elisabeth erhielt. Ich habe das Gefühl, daß das Motiv zeitbedingt ist. Die damalige Zukunft ist die heutige Gegenwart: Es gibt vermutlich keinen einzigen Fleck mehr auf dieser Erde, der nicht verschmutzt oder verseucht wäre. Es erscheint unmöglich, den Planeten je wieder in die ursprüngliche Harmonie und Balance zurückzuführen, gäbe es nicht die Kunst der Umwandlung, wie sie von der heiligen Elisabeth demonstriert wurde.

Es ist dem heutigen Menschen fast unmöglich, den Vorgang der Umwandlung zu verstehen, wie er durch das Wunder der heiligen Elisabeth vorgeführt wurde, da den meisten von uns die unmittelbare Beziehung zum eigenen höheren Selbst fehlt. Der Mensch der rationalen Epoche hat anstelle des höheren Selbst das Ego entwickelt, das ihm das Gefühl vermittelt, sein Denken und Handeln gäbe seinem Leben einen Sinn. Es handelt sich aber beim Ego lediglich um eine Art Selbstbespiegelung, bei der die eigenen Wunsch- und Willensimpulse mit von außen übernommenen Vorstellungen als führende Intelligenz agieren. Folglich stützen wir uns ausschließlich auf die eigenen Kräfte des Denkens und Tuns, weil wir glauben, nur auf diese Weise etwas bewirken und wandeln zu können.

Damit überhaupt eine Umwandlung vollzogen werden kann, gilt es zunächst, das störende Eingreifen des falschen Selbst zu erkennen und es durch eine bestimmte Art von Selbstdisziplin abzubauen. Ich habe schon die Selbstbetrachtung und kreative Meditation als Werkzeuge solcher Disziplin★ erwähnt. Dazu zählt auch das ständige Aufrechterhalten der eigenen harmonischen Schwingung, indem man negative Reaktionen vermeidet. Es ist sehr wohl möglich, in jeder Lage, in die wir von unserem Lebensstrom gebracht werden, einen positiven Blickwinkel zu finden und dementsprechend liebend zu handeln. Es geht darum, daß man sich in jedem Augenblick darum bemüht, in einer harmonischen Schwingung zu strahlen.

Durch seine konstante liebevolle Strahlung wird der Mensch überbewußt in den Strom des universalen Lebens aufgenommen und vertikal an die Mitteilungen seines höheren Selbst angeschlossen. Was dann durch ihn geschieht und verwirklicht wird, kann nicht anders als vollkommen sein. Als Folge dieses Durchlassens der Vollkommenheit kommt es zu der Umwandlung, wie sie im Wunder der heiligen Elisabeth dargestellt wird. Die Dinge werden einfach zugelassen, das zu sein, was sie im kosmischen Urbild schon sind.

Das Leben webt

Nachdem sich eine höhere Schwingungsstufe auf der Schloßinsel auszubreiten begann, warteten wir auf deren Auswirkung auf den Parkbereich. Sobald es auch im Park zu einer Erhöhung der Schwingungen käme, würden als Folge neue, bis jetzt versteckte Störungsquellen ans Licht drängen. Um solchen Folgen und den

★ Disziplin bedeutet meines Erachtens keine strenge und asketische Haltung sich selbst gegenüber, sondern vielmehr einen persönlichen Entschluß, das Leben nicht einfach dahingleiten zu lassen, sondern regelmäßig sich der eigenen Entwicklung und inneren Bedürfnisse bewußt zu werden und auch etwas dafür zu tun.

damit verbundenen schmerzhaften Auswirkungen auf meinen Körper zuvorzukommen, beschlossen wir, weitere mögliche Störstellen im Park aufzusuchen und sie durch Umwandlung zu heilen. Anfang der achtziger Jahre habe ich solche Aufgaben schon durch Eisennadeln ausgeführt.★

Damals hatte ich die Erdakupunkturnadeln selbst geschmiedet. In Türnich gab es keine Schmiede, und ich hatte auch während der letzten Jahre – da ich nun mit Steinen arbeite – das Gefühl für Eisen verloren. Daher empfand ich es als nötig, mich mit dem Meisterbewußtsein darüber zu beraten. Die Frage hieß: »Sollten die Störpunkte durch Eisen wiedereingestimmt werden?« Die Antwort: »Die Verwendung von Eisen sollte hier durch Kupfer ersetzt werden. Dieser chemische Bestandteil wird entsprechende Schwingungen auf die Punkte lenken und sie umwandeln. Der Einsatz dieses anderen chemischen Bestandteils (Kupfer statt Eisen) ist als von vorrangiger Bedeutung zu betrachten.«

Da ich nun schon die Gelegenheit hatte, mehr darüber zu erfahren, stellte ich eine weitere Frage: »Geht es bei den Kupfernadeln um eine Beseitigung irdischer Störfelder oder um eine Neutralisierung der Negativauswirkungen?« – »Die Wirkungen verhindern hauptsächlich die Verbreitung der Störfelder, die durch Kupferanwendung auf ein neutrales Quantum an Energie zurückgeführt werden. Sie ist in diesem Sinne ein ausgleichendes Mittel für die negative Energiemenge.«

In den nächsten Tagen gab es zahlreiche Akupunkturaktionen im Park, im Hirschpark und auf der Schloßinsel, wobei 26 Kupfernadeln an verschiedenen Stellen in die Erde eingeführt wurden.★★

Dabei stellt sich die Frage, wie die Punkte gefunden wurden, die eine Kupfernadel »brauchten«. Einen ersten solchen Punkt kannte man schon im Park, da darauf ein ungewöhnlicher Ahornbaum wächst. Er hat offensichtlich mit einer ungeheuren Schwierigkeit zu kämpfen, um auf dem Platz zu gedeihen.

Der Baum hat sich ganz zu einer Seite geneigt und wächst schräg über die nahe gelegene Wiese unter einem Winkel, den man einem Baum kaum zumuten kann.

An seinem Standort überschneiden sich die Kreuzungen zweier Gitternetze, die dem Bereich des irdischen Äthers angehören. Da entsteht eine Interferenz zweier Energiesysteme, die eine so dissonante Strahlung entfesseln, daß der Baum unbedingt fliehen möchte. Infolge dieser giftigen Strahlung konnte man an dem Punkt ausgezeichnet den Muskeltest★★★ vorführen. Wenn jemand zu Besuch kam, der an der Wirkung der Schwingungen aus der fünften Dimension zweifelte, konnte man ihm unter dem schiefen Ahorn eine Erfahrung anbieten,

---

★ Die Nadeln wurden in eine bestimmte Form geschmiedet und an den Störpunkten in die Erde getrieben, um eine Heilung zu erlangen.

★★ Es wurden ca. 30 cm lange Kupfernadeln mit einem Durchmesser von 8 mm verwendet, die an den Störpunkten so tief in die Erde getrieben wurden, daß sie unter der Oberfläche verschwinden und dort ständig verbleiben.

★★★ Bei dem Muskeltest wird die Testperson zuerst auf einen neutralen und dann auf einen geopathogenen Punkt gestellt. In beiden Fällen drückt der Tester auf ihren ausgestreckten Arm mit dem gleichen Druck. Über einer Störstelle stehend, kann man den Druck nicht aushalten, weil einem die Kraft entzogen wird.

wie sein eigener Körper diesem Einfluß unterliegt, ohne daß er etwas dagegen unternehmen kann.

Der Muskeltest ist eine vorübergehende Erfahrung. Man kann sich aber vorstellen, wie ungesund die störende Strahlung eines geopathogenen Punktes auf den menschlichen Körper wirkt, wenn man sich dauernd darüber aufhält, also etwa darüber wohnt. Dies ist der Grund, warum die alten Kulturen die Kunst der Geomantie★ kannten und sie genauso hoch schätzten wie zum Beispiel die Medizin. Man bemühte sich, bei der Auswahl von Wohnplätzen oder Pflanzungspunkten die irdischen Störstellen zu vermeiden. Oder man konnte, wenn einem solchen Punkt nicht auszuweichen war, eine Heilung unternehmen, wie der Fall mit den Kupfernadeln zeigt.

Kaum wurde die Nadel in der Nähe des Ahornbaumes in die Erde geführt, schon verschwand die störende Schwingung. Man konnte sie nicht mehr wahrnehmen, obwohl die zwei Kreuzungen der irdischen Äthernetze an dem Punkt weiter bestehen. Nur ihre Interferenz untereinander ist harmonisiert worden. Der Ahorn selbst war wohl nicht mehr auszurichten.

Die weiteren Störpunkte wurden so gefunden, daß ich mich auf den Engel des Parks konzentrierte und nach einer stillen Weile innerlich die Bitte aussprach, zum nächsten geopathogenen Punkt geführt zu werden. In dem Moment ließ ich das Pendel in meiner Hand laufen. Indem ich der Richtung seiner Schwingung folgte, wurde ich sicher zum nächsten Störpunkt geführt.

Dort wurden dann als erstes Messungen vorgenommen, um den Prozeß der Umwandlung verfolgen zu können. Während ich die Nadel in die Erde hämmerte, versuchte ein Mitarbeiter, die blitzschnellen Reaktionen im Energiefeld zu verfolgen. Immer wieder konnten wir feststellen, daß die vom Meisterbewußtsein vorgeschlagene Umwandlung wirkte.

Und doch ist uns dabei ein Fehler unterlaufen. Wir haben einen Geostörpunkt im »Französischen Garten« übersehen, obwohl er sogar von Natur aus durch einen schiefwachsenden Nußbaum bezeichnet ist. Es geschah einfach, weil damals niemand an den »Französischen Garten« dachte oder vielleicht weil der Engel des Parks uns einen Streich spielen wollte, um uns eine neue Erfahrung beizubringen.

Als ich im späten Frühjahr wieder zu Hause in Slowenien war, entdeckte Graf Godehard diesen Geostörpunkt und benutzte ihn von da an als eine Stelle für den Muskeltest, da der Punkt am schiefen Ahorn inzwischen nicht mehr geopathogen strahlte. Als ich im Sommer nach Türnich zurückkam, wurde mir die Stelle gezeigt, ich mußte aber versprechen, sie nicht zu entstören. Ein Punkt, wo man den Muskeltest vorführen konnte, wurde im Park dringend gebraucht, um seine erzieherische Seite zu stärken.

Am Ende des Sommers kam Olemara Peters mit mir nach Türnich, um an dem Kongreß ECOLOG '88 teilzunehmen. Bei der Gelegenheit bat ich sie, die neuen Verhältnisse im Park mit ihren Methoden zu überprüfen. Einen ganzen Tag lang lief sie durch den Park, blieb lange bei verschiedenen Bäumen hocken und sprach

---

★ Geomantie nennt sich das Wissen über die irdischen Strahlungen; von »gē« (Gr.) – die Erde – und »mantikos« (Gr.) – die Wahrsagerei.

vermutlich mit deren höherem Bewußtsein, das auch Deva★ genannt wird. Endlich kam sie mit ihren Beobachtungen zu uns.

Sie hatte bemerkt, daß der einzige übriggelassene Störpunkt im »Französischen Garten« als Anziehungspunkt wirkte, der Abfallschwingungen aus der Umwelt in das Energiefeld des Parkes hineinzog. Als Folge konnte man an manchen Stellen im Park neue Anhäufungen von disharmonischen Vibrationen erspüren, unter anderem auch bei den zwei kostbaren Platanen an der Ley-Linienquelle.

So etwas durfte in einem Park, der sowieso durch die Umweltverhältnisse gefährdet war, nicht passieren. Wir nahmen sofort Reinigungen vor, und der noch immer wirkende Störpunkt wurde durch energetische Blockaden so geschützt, daß er zwar für den Muskeltest weiter brauchbar blieb, aber keine Anziehungskraft mehr besaß, um die Abfallschwingungen aus der Umwelt anzuziehen.

Weiter wurde beschlossen, einen speziellen Stein im Park zu setzen, der den Dienst übernehmen sollte, die aus der Umwelt zufließenden disharmonischen Schwingungen umzuwandeln. Für diesen Zweck wurde ein Platz im oberen Teil des Parks ausgesucht. Energetisch sollte der Umwandlungsstein an das Wassersystem des Parks angeschlossen werden. Es ging um den südlichen Arm der Wasserlinie, von der schon im Zusammenhang mit der Kreuzung am Felsen des Ovals die Rede war. Der südliche Arm läuft von da durch den Standort des »Muttersteines«.

Fünfzig Schritte weiter an dieser Wasserlinie stellte ich am Rande einer Wiese eine Gruppe von sieben Steinen auf, von denen der senkrechte Stein ein Umwandlungskosmogramm eingemeißelt erhielt. Das Kosmogramm ist aus einem einzigen unendlich laufenden Band komponiert, das zuerst ein Quadrat bildet, sich dann in eine Kreisform wandelt, aus dieser wird ein Quadrat, aus dem Quadrat ein Kreis und aus diesem wieder das Anfangsquadrat.

Die Wandlung des Quadrats zum Kreis★★ kann man der alchimistischen Wandlung von Blei in Gold gleichsetzen. In beiden Fällen geht es um einen Vorgang, der innerhalb der ersten vier materieverbundenen Dimensionen gar nicht zu vollziehen ist.

*Umwandlungskosmogramm in der
Siebensteingruppe*

★ »Deva« ist ein hinduistischer Name für die Engelwesen, die in der Natur tätig sind. Nach der Überlieferung hat jede Baumart ihre eigene Deva.
★★ Die sogenannte Quadratur des Kreises wird für ein unlösbares mathematisches Problem gehalten.

Die Steingruppe mit dem Umwandlungskosmogramm

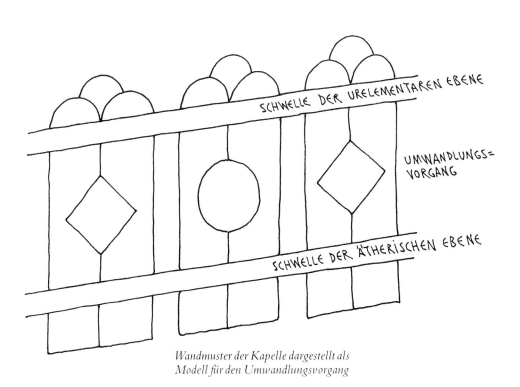

SCHWELLE DER URELEMENTAREN EBENE

UMWANDLUNGS=
VORGANG

SCHWELLE DER ÄTHERISCHEN EBENE

*Wandmuster der Kapelle dargestellt als
Modell für den Umwandlungsvorgang*

Eine Umwandlung kommt durch eine Kommunikation zwischen den höheren Dimensionen und der stofflichen Ebene zustande. Wenn es sich um die Umwandlung von Blei in Gold handelt, sollte man sich vorstellen, daß als erstes das Schwingungsmuster des Bleies in das des Goldes gewandelt wird, und sich als solches in der nächsten Phase des alchimistischen Vorganges im dreidimensionalen Raum manifestiert. Das Ergebnis einer solchen Umwandlung ist das feine Gold anstelle des groben Bleies, beziehungsweise man erhält den abgerundeten Kreis anstelle des eckigen Quadrats.★

Dieses alchimistische Geheimnis ist in der Schloßkapelle auf jedem Schritt zur Schau gestellt, nur habe ich die Symbolik der Wände nicht verstanden, bis ich das Umwandlungskosmogramm erfand. Der marmorne Wandbelag ist nämlich in fünf Bereiche gegliedert, die alle in der Mitte durch quadratische und runde Marmorplatten die Geschichte von der Umwandlung des Quadrats in den Kreis erzählen.

Jeder Wandbereich ist in drei Gruppen von je drei länglichen Platten aufgeteilt, die der Steinart nach alle voneinander verschieden sind. Jede Dreiheit gipfelt in einer dreikreisigen Form, die ein Symbol der göttlichen Trinität darstellt. Beflügelt von diesen Trinitätskräften geschieht dann das Mysterium der Umwandlung. Das grobe Quadrat wird zum feinen Kreis. Die Vierecke als das Anfangsstadium der Umwandlung stehen immer an der Seite, die Kreise als das Ergebnis des alchimistischen Prozesses in der Mitte.

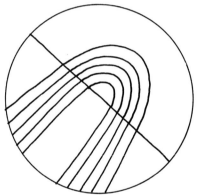

Eines der drei Kinesiogramme zum Ausgleich der zu einseitigen Orientierung auf die Materie

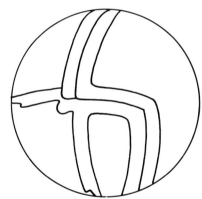

Kinesiogramm für die Beziehung zum Engel des Ortes

Nachdem der Umwandlungsstein aufgestellt war, der als Mittler zur Reinigung für den ganzen Kraftort dienen sollte, hatte ich das Gefühl, daß ich von nun an nicht mehr mit den einzelnen Bereichen arbeitete, sondern mit dem umfangreichen Kraftfeld Türnichs als einer Ganzheit. Später, nachdem ich mich oft genug auf diese neuen Verhältnisse eingestimmt hatte, machte sich ein Gefühl bemerkbar, daß diese Ganzheit einer weiteren Gruppe von Kinesiogrammen★★ bedurfte, um mit den zeitbedingten disharmonischen Schwingungen fertig zu werden.

★ Die Kraft der Umwandlung wird energetisch für die höchste schöpferische Kraft gehalten. Ihr entspricht die violette Farbe, die ich zur Anregung des Umwandlungsprozesses gebrauche.
★★ Sie wurden in verschiedene schon aufgestellte Steine eingemeißelt.

Die sensible Parkanlage erlebt heute eine Epoche, die sich ungeheuer einseitig auf die physische Dimension des Lebens konzentriert und dabei noch zusätzlich einen einzigen Pfad wandern will, den strengen Pfad der Vernunft. Der Park, der ein unglaublich breites Spektrum an Beziehungen zu den höheren Dimensionen aufweist, wird ununterbrochen mit dieser Bewußtseinsenge konfrontiert, die unbewußt von Tausenden von Besuchern hineingetragen und ausgestrahlt wird und die auch von der Umgebung her hineindrängen will.

Drei der Kinesiogramme sollten das Parkgewebe vor jenen Kräften schützen, die angeregt von einer zu stark an die Materie gebundenen Bewußtseinsorientierung unnatürlich starr wirken. Als Folge ihrer Überaktivität kommt es im Bereich des Kraftortes zu einer materiellen Dichte, die den gefühlsmäßigen Ausdruck der ätherischen Kräfte zum Verstummen zwingt. Das vierte Kinesiogramm sollte umwandelnd auf ähnliche Folgen des verengten Denkens wirken.*

Am Ende des Sommers 1988 hatte ich ein ähnliches Gefühl wie ich es in der Mitte des vorangegangenen Sommers schon einmal hatte: Ich wurde allmählich zufrieden – diesmal war es aber hoffentlich keine Illusion. Das ganze Jahr über hatte ich dafür gesorgt, daß sich sowohl die schöpferische wie die heilende Seite des Werkes in Türnich gleichgewichtig entwickelte. Ich war sicher, daß in dem Sinne kein nennenswerter Fehler mehr passieren konnte.

Ich hatte den Plan, im Herbst desselben Jahres noch einmal nach Türnich zu kommen, um mich dieser Aufgabe ein letztes Mal zu widmen. Bei der Gelegenheit wollte ich nur noch zwei Schlußsteine für die zwei polarisierten Kraftsysteme Türnichs setzen. Das Feuersystem sollte seinen Abschlußstein im Siebenlinden-kranz bekommen an der Stelle, wo sich die sternförmige Ley-Linienquelle befindet, von der acht Drachenlinien ausgehen.

Das Wasseräthersystem sollte seinen Schlußstein über einer Blindquelle erhalten, die sich in dem Eichentor befindet, das die beiden tellerförmigen Wiesen an der Lindenallee voneinander trennt. Aus der Quelle entspringen acht Wasserlinien, die sternförmig in verschiedene Richtungen durch den Park laufen.

Alles war bereit für den Ausklang. Es sollte aber ganz anders kommen.

---

* Hinzu kommt ein fünftes Kinesiogramm, eingemeißelt in eine Steinnadel, die an einer besonderen Eiche am ehemaligen Mühlenhof steht. Das Zeichen soll die Beziehung des Kraftfeldes zum Engel des Ortes verstärken.

AUSKLANG

Als ich am 18. Oktober 1988 wieder nach Türnich kam, wurde ich aufgeregt empfangen. Man hatte schon drei Wochen zuvor bemerkt, daß das ganze Energiesystem Türnichs gefährlich schwankte. Zunächst konnte man durch geistige Konzentration und Gebet noch eine gewisse Stabilisierung erreichen. Doch dann gab es weitere Schwankungen, und schließlich fiel das ganze System auseinander. Der Zusammenbruch war so komplex, daß niemand mehr Rat wußte. Es wurde einfach auf mich gewartet. Die Messungen, die ich sofort unternahm, bestätigten einen schmerzlichen Zustand. Die allgemeine Bodenaus-strahlung war unter Kniehöhe gesunken. Die Pflanzen im Park mußten sich jämmerlich gefühlt haben. Es war für mich auch deswegen beschämend, weil das Institut für Resonanztherapie★ genau wegen der neuerschaffenen hohen Qualität des Kraftfeldes inzwischen aus Frankfurt nach Schloß Türnich übersiedelt war. Nun war die Schwingungsqualität weg.

Es war schon spät am Abend, und ich konnte nichts weiter unternehmen, als das, was ich in einem Notfall tue. Ich lief durch den armen Park und unterstützte ihn durch positive Gedanken.★★ Etwa so: »Ich bin tief davon überzeugt, daß der Zusammenbruch der Systeme zu einer höheren Qualität des Kraftfeldes führt. « Oder: »Ich glaube unerschütterlich an die zur Zeit verborgene Vollkommenheit des Werkes, zu dem ich innerlich inspiriert wurde. «

Während dieser ersten Nacht hatte ich einen Traum, in dem ein Hund mich an der rechten Hand packte. Anfangs schien es mir, als wäre es ein Spiel. Als ich aber die Hand aus seinem Maul herausziehen wollte, stellte es sich heraus, daß sie ungeheuer festgehalten wurde. Nun wollte ich mir mit der linken Hand helfen. Es ging nicht. Die Linke war so schwach, daß ich sie gar nicht rühren konnte. Machtlos schaute ich um mich: Vor mir lag ein furchterregendes Gebiet, das ich vorher gar nicht bemerkt hatte.

  ★ Das Institut für Resonanztherapie forscht in Richtung Waldheilung durch schwingungsge-
      mäße Anregung von Eigenresonanzen der Bodenkultur und der Pflanzen, was in der Folge
      zur Selbstheilung eines Waldbiotops führt. Das Institut wirkt seit dem Sommer 1988 im
      Rahmen des Umweltzentrums Türnich.
★★ Durch die Kraft positiver Gedanken kann man in einer Notsituation helfen, weil sich
      dadurch die Qualität des Schwingungsfeldes, in dem der Notfall »schwebt«, sofort erhöht,
      was die Aussichten auf eine positive Lösung wesentlich steigert.

Bei der Betrachtung des Traums★ stellte ich mir vor, daß die beiden Hände die zwei polarisierten Kraftsysteme Türnichs darstellen. Es gäbe dann zwei Ursachen, die die Systeme an ihrer Funktion hinderten. Bei dem Hundebiß mußte es sich um das Eingreifen von Gegenkräften aus den untermateriellen Bereichen handeln. Nicht klar war mir, worauf die ausgeprägte Schwäche der anderen Hand deuten sollte.

Kaum war genügend Tageslicht im Park, begann schon die Suche nach einem konkreten Zeichen des Angriffs auf das Energiegewebe des Ortes. Prüfend ging ich von Stein zu Stein, bis ich zu dem »Vaterstein« des Ovals kam. Unmittelbar vor dem achtzackigen Sternzeichen seines Kosmogramms klaffte schwingungsmäßig ein schwarzes Loch, durch das die kostbare Lebensenergie des Parks in die unterirdischen Schwingungsbereiche sank. Es war entsetzlich zu spüren, wie die gesammelte Energie des Parks da verschwand.

Die weitere Überprüfung des Steins ergab, daß er ausgesprochen Yang strahlte. Das wäre für einen Stein, der die göttlichen Vaterkräfte bezeichnet, auch logisch. Unheimlich daran war, daß sein Gegenpol, der an dem gegenüberliegenden Rand des Ovals stehende »Mutterstein«, nicht ausschließlich Yin strahlte, wie man es nach dem Vorbild des »Vatersteins« hätte erwarten dürfen. Er pulsierte ausgeglichen Yin/Yang. Plötzlich verstand ich die Ursache des schwarzen Loches.

Es war zwar kein Makel im Kosmogramm selbst zu finden, das den patriarchalen Aspekt der Gottheit darstellt. Es ging vielmehr um unsere abendländische Zivilisation, die sich völlig einseitig auf patriarchale Denkmuster stützt beziehungsweise auf die Yang-Kräfte konzentriert. Das patriarchale Prinzip waltet innerhalb der militärischen, politischen, wissenschaftlichen und sogar der religiösen Hierarchien als führendes Prinzip. Daraus ergibt sich eine dramatische Übermacht von Yang-Kräften in der Umwelt, die letztlich als zerstörerische Intelligenz aus der »minus zweiten«-Dimension des unterirdischen Schwingungsbereiches auf das Erdenleben einwirken.

Das Kosmogramm der kosmisch-patriarchalen Energien war zu einem Leiter dieser übermächtigen Yang-Kräfte geworden. Dadurch war das schwarze Loch entstanden. Nun wollte ich es aber nicht nur unschädlich machen, sondern umgekehrt an seinem Platz einen Umwandlungswirbel schaffen, durch den die überflüssigen Yang-Kräfte, die aus der Umwelt in den Parkbereich drängen, ausgeglichen würden. Zu diesem Zweck wurde eine weitere Variante des Umwandlungskosmogramms erfunden und an der Seite des patriarchalen Zeichens eingemeißelt. Seitdem strahlt der Stein nicht mehr Yang, sondern pulsiert in einer ausgewogenen Yin-/Yang-Schwingung. Auch das Loch ist verschwunden.

Am nächsten Tag fand eine Beratung innerhalb des Umweltzentrums statt. Es wurde überlegt, wie solche Zusammenbrüche des Kraftfeldes in Zukunft zu vermeiden wären. Es wurde vorgeschlagen, daß wir gemeinsam mit Irene Lutz

---

★ Ich betrachte die Traumbilder im Spiegel der Vorgänge, die zu der Zeit mein Leben kennzeichnen und die ich in irgendeinem Aspekt als kritisch empfinde. Aufgrund der Bilder und der sie begleitenden Gefühle kann ich erahnen, um welchen dieser Vorgänge es sich handelt, und aus der ganzen Traumkonstellation schließe ich auf die Erklärung oder den Rat, den mein inneres Selbst dazu gibt.

Der »Vaterstein« am Oval mit Kosmogramm
und Kinesiogramm

und Marion Gräfin Hoensbroech, beide Mitarbeiterinnen der Resonanztherapie, eine Methode ausarbeiten, wie man durch tägliche Aufmerksamkeit das Kraftfeld des Ortes auf der optimalen Schwingungshöhe aufrechterhalten könnte.

Ich fand diese Idee ausgezeichnet, wurde jedoch in der folgenden Nacht durch einen Traum davor gewarnt, mich unmittelbar in ihre Verwirklichung zu stürzen. Im Traum wurde mir von meiner Frau offenbart, daß sie bald gebären würde. Sie wollte aber die Geburt nicht auf dem alten Platz vollbringen, sondern einen neuen suchen. Also lief ich – so wie ich es nach jener Beratung tun wollte – sofort nach einer Geburtshelferin. Bei den beiden Wehmüttern, die ich fand, hatte ich das Gefühl, daß sie meine Mitarbeiterinnen Marion und Irene darstellten.

Schon wollte ich sie zu meiner Frau führen, als ich mich panisch besann, daß ich meine Frau gar nicht gefragt hatte, wo der neue Geburtsplatz lag. Ich wußte nicht, wohin ich die Geburtshelferinnen führen sollte. Dabei erinnerte ich mich flüchtig, daß sie das Wort »Monte Negro« in bezug auf den neuen Geburtsort gebraucht hatte, wußte aber im Traum nicht, was es bedeutete.

Als ich morgens den Traum analysierte, mußte ich zugeben, daß hinter dem Zusammenbruch des Energiefeldes eine noch viel aufregendere Ursache stecken könnte. Wahrscheinlich mußte das bisherige Kraftsystem zusammenbrechen, damit aus seiner »Asche« nach dem Prinzip des Phönix'* ein neues, vollkommenes Energiefeld geboren werden konnte.

----

* Der mythische, feuerrote Vogel Phönix verbrennt sich selbst, um aus der Asche neugeboren aufzusteigen.

Das hieße, daß durch das schöpferische Werk der vergangenen zwei Jahre ein Energiesystem in Türnich entstanden war, das nur einen einstweiligen Wert besaß. Es war eine Illusion anzunehmen, das System würde so bleiben, wie es stufenweise entstanden war. Erst am Ende des Heilungsvorgangs sollte es zu der entscheidenden Umwälzung kommen, in der das Kraftsystem in seiner endgültigen Gestalt geboren wurde. Die geheimnisvolle Traumbezeichnung für diese Wiedergeburt – Monte Negro* – deutet auf die sakrale Quelle der Schöpfung der Kraftsysteme hin, an der die Intelligenzen aus den höheren Dimensionen beteiligt sind.

Der Siebenlindenkranz mit dem Schlußstein
des Feuerkraftsystems

Die erste Spur der neugeborenen Kraftlinienführung offenbarte sich noch am selben Tag, als man entdeckte, daß der Brunnen im Kreuzganggarten nicht mehr mit der kosmischen Quelle zwischen den beiden Platanen verbunden war, sondern mit dem zweiten kosmischen Brennpunkt in deren relativer Nähe, dem Punkt des Achtecks vor dem Altar der Schloßkapelle. Die Feuersystemlinie läuft nun vom Achteck zu dem Kreuzgangbrunnen, von dort weiter zum Schwellenstein der Lindenallee, durch die Allee zum Altarstein und von da zum Siebenlindenkranz. Im Lindenkranz wurde nun der Schlußstein des Feuersystems auf jene Ecke seines achteckigen Grundrisses gesetzt, wo keine Linde wachsen darf, damit

---

* Ich verstehe »Monte Negro« (It.) – Schwarzer Berg – als Bezeichnung für einen »Heiligen Berg« im Sinne der »Schwarzen Madonna«, der auch im Rahmen der östlich-christlichen Überlieferung eine besondere Heiligkeit zukommt. Die Schwarze Göttin verkörperte in vorpatriarchaler Zeit das Prinzip der Wandlung.

die Zahl Sieben als leitende Zahl des Lindenkranzes bewahrt bleibt. Der ebenfalls achteckige flache Stein bezeichnet die Ley-Linienquelle des Lindenkranzes, aus der sich sternförmig acht Ley-Linien ergießen und die verschiedenen Parkteile an das ätherische Feuersystem anschließen.

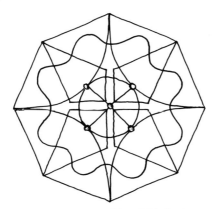

*Kosmogramm auf dem Schlußstein
des Feuersystems*

Eine der acht Ley-Linien verbindet den Achteckstein im Lindenkranz mit einem anderen Kraftort, der nordöstlich von Türnich liegt – Schloß Cappenberg in der Nähe von Dortmund.★ Cappenberg ist ein zweiter vergessener Ort der kosmischen Kraft, der zur Zeit einer Reinigung unterzogen wird, damit seine lebensspendende Strahlung für das Lippegebiet wieder zum Segen wird. Auch um Cappenberg herum wurde im 19. Jahrhundert von Goethes Freund, dem Staatsmann Freiherr vom Stein, ein prachtvoller Park angelegt.★★

Der Yang-Brennpunkt des Ortes mit einer Ley-Linienquelle befindet sich am äußersten Ende eines Landrückens in der Mitte des Schloßkomplexes, wo eine kostbare romanisch-gotische Stiftskirche steht. Aus der Linienführung des gotischen Gewölbes der Kirche wurde eine Hälfte der Kosmogrammzeichnung für den Schlußstein im Lindenkranz hergeleitet. Die andere Hälfte des Kosmogramms stammt von dem Muster des Thrones Christi aus der Darstellung im Apsisgewölbe der Türnicher Kapelle. Dadurch wird die Verbindung zwischen den beiden Kraftorten hervorgehoben.

Es geht nicht darum, dem eigenen Willen Ausdruck zu verschaffen, wenn man sich bemüht, die uralten, heute vergessenen und unterschätzten Orte der Kraft zu reinigen und energetisch wiederzubeleben. Es geht lediglich darum, daß unser Planet Erde diese empfindlichen Atmungspunkte dringend braucht, um das planetare Leben einschließlich der menschlichen Kultur sicherzustellen.

Will man aber die Kraft, die da pulsiert, eigennützig erzwingen, dann kippt das Kraftpotential des Ortes ins Negative und wird zum allgemeinen Übel. Der

---

★ Auch andere Linien aus der sternförmigen Quelle verbinden Türnich mit anderen Kraftorten Europas, nur ist ihre Identität zur Zeit noch verschleiert.

★★ Es klingt fast unglaublich: nun wird auch Cappenberg durch das Vordringen des Steinkohlebergbaus gefährdet. Am 6. Juli 1988 wurde der Kohleabbau in Richtung Schloßberg und Stiftskirche von der Landesregierung freigegeben.

Mensch ist hier aufgerufen, einerseits höchst feinfühlig und liebevoll zu handeln und andererseits ständig auf die Eingebungen des göttlichen Willens zu lauschen, in denen die wahre Rolle eines Ortes erkennbar wird.

Durch die feinen Verbindungsfäden zu den höheren Schwingungsbereichen, die ein Kraftort seit Urzeiten in sein Energiefeld eingebaut hat, fließen die Lebensimpulse in die planetare Welt hinein. Durch bestimmte Naturschöpfungen des Ortes oder durch eine kulturgemäße Gestaltung und Nutzung seines architektonischen Gewebes läuft ununterbrochen die Übersetzung der kosmischen Schwingungen in Kraftformen und Inspirationsmuster, die von der umliegenden Landschaft beziehungsweise Kulturepoche absorbiert werden können.★

Man kann sich vorstellen, daß es in einer so kritischen Zeit wie heute von vitaler Bedeutung ist, daß Orte, die diese Potenz in sich tragen, als Lebens- und Kulturimpulse spendende Quellpunkte gereinigt, bedient und aufrechterhalten werden. Es gibt wohl eindrucksvolle Tempelruinen oder mächtige Kathedralen, die massenweise besucht und als Orte der Kraft bewundert werden. Es stellt sich aber die Frage, ob sie angesichts der historischen Negativanhäufungen, die ungereinigt bleiben und angesichts der heutigen oberflächlichen Nutzung überhaupt noch als Energiebrennpunkte dienen können. Vielleicht ist es nur die Kraft der Erinnerung, die man da spürt. Das Leben sucht sich immer neue Wege, wie die empfindlichsten Lebensfunktionen der Erdenwelt ausgeübt werden können. Man erkennt solche Orte eher an der besonderen Stille, die da waltet, als an einer heftig umschwärmten Formgestalt.

Von den anderen Ley-Linien aus der Quelle im Siebenlindenkranz möchte ich noch die Linie erwähnen, die zum Mittelpunkt des ehemaligen Labyrinthes führt, das sich einmal auf der rechten Seite der Lindenallee befand. Obwohl von dem Labyrinth keine sichtbare Spur mehr besteht, kann man seine Anwesenheit in Gestalt eines Kraftbrennpunktes erspüren, an dem im Frühjahr 1989 ein Megalith aufgestellt wurde.

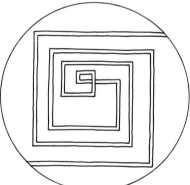

Kosmogramm des Labyrinthsteins

★ In dem umfangreichen Netz von Kraftorten, das die Erdoberfläche umspannt, sind in jeder Epoche nur bestimmte Erdchakren tätig, die anderen sind im Ruhezustand. Mit dem Wechsel der Zeitalter – was auch unsere Zeit betrifft – schließen sich viele Zentren ab, die in der auslaufenden Epoche führend waren, und ganz neue oder vergessene Zentren treten in den Dienst am Leben.

Das Kosmogramm des Labyrinthsteines nimmt den Grundriß des ehemaligen Labyrinthes auf, wie er überliefert wurde.

Der Labyrinthstein

Wie bei allen Labyrinthen gibt es eine innere Kammer, die das höhere Selbst darstellt und die durch die irreführenden Wege hindurch gesucht werden muß. Es ist der Weg der Suche nach dem wahren Selbst, auf dem der Mensch unzähligen Hürden, Prüfungen und Lebensschulen ausgesetzt ist.

Eigentlich – das sollte nicht vergessen werden – gilt es bei der Suche nach dem wahren Selbst zwei Wege zu finden: Einerseits die »innere Kammer« innerhalb der höheren Dimensionen, andererseits den Weg zurück in die Raum- und Zeitdimensionen, um dort das höhere Selbst zu verwirklichen.

Das Überspringen der Quelle des Feuersystems von den beiden Platanen in die Kapelle regte mich dazu an, auch die neue Quelle des ätherischen Wassersystems in der Kapelle zu suchen. Sie war tatsächlich schon da!

Die Ausstrahlung der Blindquelle, die sich unter dem Bodenmosaik mit der Sonne und den vier Jahreszeiten befindet, wurde nun energetisch an den Brunnen angebunden, der unter der Treppe vor dem Schloßeingang steht. Dieser Brunnen wiederum ist mit dem Pyramidenstein im Ilexkranz verbunden, der innerhalb des alten Kraftsystems die Quelle des wäßrigen Systems bezeichnet hatte.

Auch der Schlußstein des Wassersystems wurde in der Form eines Achtecks gestaltet und in das Eichentor gelegt, das die beiden tellerförmigen Wiesen trennt und gleichzeitig verbindet. An der Stelle gibt es tief im Erdinnern eine weitere

Das Kosmogramm des Labyrinthsteins

Blindquelle, von der sternförmig acht Wasserlinien ihren Ausgang nehmen. Eine von ihnen verläuft durch den Standort des Brunnens im Kreuzganggarten. Durch ihr Pulsieren wird der Kreislauf des Wassersystems von der Schloßinsel zurück in den Park zu dem Schlußstein geführt.

*Der Schlußstein des Wasserkraftsystems und
die untere tellerförmige Wiese*

*Kosmogramm auf dem Schlußstein
des Wassersystems*

Vom Schlußstein führen weitere Linien des wäßrigen Äthers zum Mutter- und Vaterstein des Ovals, zu der Siebenergruppe mit dem Umwandlungskosmogramm, zu der Zwillingssteinsetzung vor dem Lindenkranz, zur »falschen« Linde, zum Schwellenstein der Allee – der sich nun auch als ein Wasserstein herausstellte – und zum Froschteich am Parkeingang, wo eine riesige Eibe wächst. An den meisten dieser Punkte stehen Steine, die die lebentragenden Wasserströmungen aufhalten, um ihre Strahlung innerhalb des Parks ausklingen zu lassen.

149

Nachdem die beiden polarisierten Kraftsysteme Türnichs ihre Quellen in der Kapelle offenbart hatten, wäre logischerweise zu erwarten, daß auch die Quelle des Neutralsystems – des Luftäthersystems – in der Kapelle zu suchen sei. So war es auch. Als dessen Brennpunkt erwies sich das Neutralfeld, das sich genau zwischen den Ausgangspunkten des Feuersystems vor dem Altar und des Wassersystems im Bodenmosaik befindet.

Nachdem alle drei Kraftsysteme, die das Energiefeld Türnichs ausmachen, ihren Ausgangspunkt in der Kapelle nebeneinander verankert hatten, war es ein beglückendes Gefühl zu wissen, daß die Kapelle, die so unglaublich reich an Schwingungsphänomenen und an Symbolik war, letztlich ihre wahre Funktion innerhalb des Kraftfeldes Türnich zurückgewonnen hatte. Sie erschien mir nun wie das geistige Zentrum des Kraftortes, von dem die leitenden Impulse ausgehen, die sich dann durch die drei Äthersysteme über den ganzen Ort verbreiten.

Von der Kapelle als dem Gehirnzentrum des Energiefeldes konnte man von nun an sofort und unmittelbar jede mögliche Schwachstelle innerhalb der drei Systeme erreichen und durch Visualisierung oder Gebet stabilisierend oder heilend darauf einwirken. Man braucht sich nur auf einen der drei Punkte in der Kapelle zu stellen, die nur wenige Schritte auseinanderliegen, und schon steht man in Verbindung mit jedem Akupunkturpunkt, der entweder dem Element Wasser, Luft oder Feuer* angehört. Damit war auch die Voraussetzung geschaffen, daß man regelmäßig für die Betreuung des Kraftfeldes sorgen kann. So ist es möglich, sich von hier aus meditativ in das Kraftfeld zu vertiefen, um seine Schwingungen zu überprüfen, oder man kann auf diesen Punkten einfach beten. Durch das Gebet wird ein Ort immer wieder dem göttlichen Licht geweiht und dies bewirkt, daß alle eventuell auftretenden Unvollkommenheiten schwingungsmäßig aufgehoben werden. Es geht nicht darum, daß man bestimmte Gebetsformeln spricht, sondern es geht darum, daß die Energie, die durch das Beten in die höheren Dimensionen getragen wird, dort einen göttlichen Rückfluß von heilender Kraft auslöst.

Ich sehe meine zweijährigen Bemühungen, das Energiefeld in Türnich zu reinigen, zu heilen und zu stärken, als eine notwendige Vorbedingung für alle weiteren Aktivitäten an diesem Ort an: Im Mai 1988 nahm das Umweltzentrum für ökologische Strukturforschung Schloß Türnich** seine wissenschaftliche Tätigkeit auf.

Aus der Zielsetzung des Zentrums geht hervor, daß der Wille vorhanden ist, das unsichtbare Kraftpotential des Ortes in den Dienst unserer kritischen Übergangsepoche zu stellen. Darin heißt es:

---

* Als System des Elements Erde – das hier zu fehlen scheint – stelle ich mir die Biosphäre vor, die nach den Naturgesetzen gestaltet ist und als selbständiges Energiesystem nicht vorkommt.

** Dem Umweltzentrum sind selbständige Institute angegliedert: das Institut für Resonanztherapie, ein Institut für geophysikalische Risikoforschung und ein physikalisches Labor unter der Leitung von Dr. Wolfgang Ludwig. Die Tätigkeit des Zentrums widmet sich in erster Linie dem Gefüge Boden–Pflanzen–Frucht–Mensch–Wasser.

»Die menschliche Zivilisation hat das ökologische System in existenzbedrohender Weise aus dem Gleichgewicht gekippt. Bis heute sind wir nicht in der Lage, die Ursachenketten und Wechselwirkungen unseres Tuns zu überblicken. Voraussetzung zur Wiedergewinnung eines evolutiven Gleichgewichts ist zunächst das Bewußtsein, daß das Ökosystem kein Gegenüber des Menschen ist, sondern daß dieser ein Teil des Systems ist. ★ Daraus folgt ganz allgemein, daß ein Ausweg aus der lebensbedrohenden Krise nur gefunden werden kann, wenn es gelingt, auch die menschliche Zivilisation wieder in Einklang mit den grundlegenden Gesetzen der Natur zu bringen...«★★

Schloß Türnich

Dabei muß ich klarstellen, daß meine imaginativen künstlerischen Methoden, die ich zur Wiederbelebung des Ortes verwendet habe, mit den wissenschaftlich begründeten Forschungen, denen sich das Umweltzentrum widmet, nicht direkt in Verbindung stehen. Die Kunst ist oft näher an der Tradition der Dorf- und Hofnarren, von der der moderne Künstler★★★ eine geradezu glückselige Freiheit geerbt hat. Er darf aussprechen und in Kunstformen gestalten, was er innerlich fühlt und wozu er inspiriert wird, ohne darauf Rücksicht nehmen zu müssen, wie seine religiöse, wissenschaftliche oder politische Umwelt darüber urteilt.

★ Man spricht im Zentrum von der »Mitwelt«, da der Begriff »Umwelt« eine Spaltung zwischen dem Menschen und der Welt voraussetzt.

★★ Der vollständige Text der Zielsetzung findet sich in der Broschüre mit den Referaten des Kongresses ECOLOG '88 abgedruckt.

★★★ Ich denke an meine Vorgänger, an die DADA, die Lebenskünstler des Monte Verità, T. S. Eliott, Paul Klee...

Die Sache hat dadurch wohl auch eine schwache Seite, die man nicht leugnen darf: Da das ganze Werk durch meine kreative Hand ausgeführt wurde, besitzt es einen subjektiven Wert. Es ist zu fragen, ob die Arbeitsmethoden, die ich beschrieben habe, überhaupt nachzuvollziehen sind, da die allgemeine Erfahrung lehrt, daß man einem Kunstwerk seine Einmaligkeit lassen soll. Dennoch habe ich meine Vorgehensweise genau beschrieben, um die schöpferischen Fähigkeiten und Gedanken des Lesers anzuregen. Auch ich – der ich mich zur Zeit schon neuen Aufgaben dieser Art widme★ – muß stets von vorn anfangen und meine einmal geschaffenen Arbeitsmuster immer wieder loslassen.

Das heißt aber nicht, daß keine Wechselbeziehungen bestehen zwischen den wissenschaftlichen Bestrebungen des neugestifteten Zentrums und meiner künstlerischen Arbeit. Sie gründen wohl in dem gemeinsamen Bemühen, mit dem Lebenskosmos in Einklang zu kommen. Das leitende Symbol dieses Einklangs ist die Kapelle.★★

Gab es überhaupt ein Ende der Kapellenoffenbarung, die schon meinen ersten Augenblick in Türnich durchlichtet hatte? Kaum hatte ich entdeckt, daß alle drei Energiesysteme Türnichs in der Schloßkapelle verankert sind, ließ sich auch die Gesamtgestaltung der Kapelle als ein kreatives Spiel der drei Elemente – Wasser, Luft, Feuer – begreifen.

Über die drei Tunnel, die das Wasser tief unter die Fundamente des Gebäudes führen, wurde schon berichtet. Diese unsichtbare Anwesenheit des Wasserelements unten spiegelt sich oben in Form von drei Lüftungsöffnungen in den Spitzen der drei neugotischen Gewölbe des Kapellenschiffes. Wo sich normalerweise die Schlußsteine befinden, gibt es hier drei runde Öffnungen. Nach der Bemalung zu schließen, die sie einfaßt, ist zu vermuten, daß es um den geistigen Aspekt der Luft geht und nicht nur um den praktischen Zweck der Entlüftung. Die Öffnungen sind von einer Krone goldener Strahlung umgeben, die entweder radial nach außen verlaufen oder eine wirbelartige Drehung bilden.★★★

Bei meiner Morgenmeditation in der Kapelle setze ich mich genau unter eine der Luftöffnungen. Als erstes lasse ich meine Aufmerksamkeit gefühlsmäßig nach unten gleiten, bis ich den Wasserspiegel im Tunnel unter meinen Füßen erreiche. Durch diese innere Berührung mit dem Wasser suche ich die ganze planetare Sphäre zu umschließen, indem ich mir vorstelle, daß alle Gewässer der Erde waagrecht miteinander verbunden sind.

Als Gegenbewegung dazu richte ich dann den Strahl meines Bewußtseins durch die Kopfmitte senkrecht nach oben und lasse es durch die Öffnung im Deckengewölbe gleiten. Im selben Augenblick, da ich mich auf der anderen Seite dieses Atmungsloches befinde, werde ich einen kosmischen Raum gewahr, der sich sphärenartig außerhalb der Kapellenschale um mich herum ausdehnt. Das

---

★ Im Jahre 1989 arbeite ich zusammen mit meiner Frau an einer Lithopunktur des Parks von Schloß Cappenberg bei Dortmund und an einer Lithopunktur des Geländes der chemischen Fabrik »Iplas« in der Nähe von Koper in Jugoslawien.

★★ Seitdem die Kapelle restauriert wurde, finden dort Meditations- und Gebetskreise statt.

★★★ Die einen pulsieren Yang, die anderen Yin, ähnlich wie die zwei unterschiedlich schwingenden Strahlen der Sonne auf dem Bodenmosaik darunter.

schwingungsmäßige Luftsystem der Kapelle bietet dem Menschen die Möglichkeit, innerhalb der höheren Dimensionen zu schweben, während er gleichzeitig in den drei physischen Dimensionen des Kapellenraumes verankert ist.

In solchen Augenblicken wird einem der Segen bewußt, der sich als feurige Strahlung aus der Richtung der Christussphäre in die Kapelle ergießt. Durch ihre Vergoldung und Schalenform gleicht die Christussphäre einem Kelch. ★ Es ist die Strahlung des Feuerelements, die aus dem gewaltigen Yang-Brennpunkt zwischen den beiden Platanen zufließt, dem Ort der Drachenlinienquelle. Der Brennpunkt pulsiert jenseits des Weihers hoch über der Apsis und gießt seine Strahlung durch den Gral des Apsisgewölbes in den Tempelraum der Kapelle hinein.

Im Lichte dieser Strahlung möchte ich meine Erzählung ausklingen lassen. Das ungeheure Werk der Heilung der Erde kann nur dann eines Tages vollendet werden, wenn der einzelne Mensch den Weg zu seiner inneren Stille und zum Einklang mit dem universalen Lebensstrom findet. Ich glaube, daß die Heilung der Erde als erstes eine persönliche schöpferische Herausforderung darstellt.

Aus meiner ganzen Erfahrung des Erdenleidens heraus möchte ich sagen, daß die innere Stille und Harmonie, die jede einzelne Frau und jeder Mann als konstante Schwingung innerhalb des Kraftfeldes ihres beziehungsweise seines eigenen Lebens unterhält, die Quelle darstellt, von der die Heilung der Erde ausgehen kann. Es ist wohl möglich, noch feinere Kläranlagen zu erfinden und noch empfindlichere Heilverfahren anzuwenden, sie sind aber machtlos, wenn der Mensch, der sie erfindet beziehungsweise anwendet, aufgrund seiner gewohnten beschränkten Denkmuster oder aufgrund seiner persönlichen Disharmonie fortfährt, die Erde zu zerstören.

Die Erde heilen heißt zuerst, sich selbst wieder heil machen.

★ In dem Sinne kann man den Christus in der goldenen Sphäre des Kelches als den Gralskönig verstehen und die zwölf Engel, die ihn umgeben, den zwölf Rittern der Tafelrunde gleichsetzen. Der luziferische Engel darunter bezeichnet den Helden Parzival, der alle ritterlichen Gesetze brach und die Tiefen des Lebens erfahren wollte.

NACHWORT

Schloß Türnich wurde im Jahre 1850 durch meine Familie von den Freiherrn von Rolshausen käuflich erworben. In den folgenden vier Jahrzehnten erhielt nicht nur das Schloß eine neue Innenausstattung im Stile des zweiten rheinischen Rokoko, sondern es erfolgte vor allem der Bau einer neuen Schloßkapelle und die Anlage des Schloßparkes in seiner heutigen Gestalt.

Merkwürdigerweise gibt es über den Bau der Kapelle und die Anlage des Parkes im Archiv keine Unterlagen, von relativ unwichtigen Nebensächlichkeiten abgesehen.

Wie wir aus Erzählungen und von alten Fotos wissen, befand sich der Park bis zum Ausbruch des 2. Weltkrieges in einem vorzüglichen Pflegezustand. Während des Krieges entstanden erhebliche Schäden durch häufige Einquartierungen militärischer Einheiten sowie durch Bombenangriffe und Artilleriebeschuß. Nach dem Krieg gab es andere Sorgen als die Pflege eines Parkes. Der Park war sich selbst überlassen und verwandelte sich langsam in einen Wald mit kleinen Lichtungen.

Ab 1954 erfolgte die großräumige Absenkung des Grundwassers durch den Braunkohlebergbau. Dies bedeutete einen schweren Schock für den Park, da sich große Bäume, die an einen hohen Grundwasserstand gewöhnt sind, nur sehr schwer umstellen können. Manchmal gelingt dies gar nicht, weshalb in den Folgejahren der Verlust einiger wertvoller Großbäume zu beklagen war.

Im Jahre 1982 machte uns die Präsidentin der Nederlandse Dendrologische Vereniging, Joos Oudemans, bei einem Rundgang darauf aufmerksam, daß der Park sowohl dendrologisch als auch gestalterisch von hohem Wert sei. Diese Mitteilung war der Auslöser für die Restaurierung des Parkes. Hiermit wurden der Landschafts-Architekt Pieter Schwarze und Herr Berthold Leendertz beauftragt, die bis heute hierfür verantwortlich zeichnen.

Zunächst galt es, den dendrologischen Bestand aufzunehmen und die Formgestaltung des Parkes wiederzuentdecken. In tagelanger Arbeit wurden jeder Baum und jeder Strauch bestimmt und die Geländereliefs aufgenommen. Bei jedem älteren Baum wurde die Frage gestellt, warum er hier steht und welche Beziehung möglicherweise zu anderen Bäumen gleicher Art oder gleichen Alters bestehen könnte. So entstand ein erstes Bild über die verborgene Struktur des Parkes.

Es war nun ein Konzept zu entwickeln. Glücklicherweise handelt es sich um einen Landschaftspark, jene Gartenkunst, die versucht, Kunst und Natur in harmonischer Weise miteinander zu verbinden. So beschlossen wir, ein doppeltes Ziel zu verfolgen, nämlich die Restaurierung als Gartendenkmal und die Wiederherstellung eines voll funktionsfähigen Biotops.

Hierfür war zunächst der rechtliche Rahmen zu klären: Der Park steht unter Denkmalschutz und unter Landschaftsschutz, das Verfahren zur Ausweisung als Naturschutzgebiet und von Naturdenkmalen läuft. Der Park genießt also einen doppelten rechtlichen Schutz. Demgemäß war die Planung sowohl mit dem Rheinischen Amt für Denkmalpflege als auch mit der Unteren und der Höheren Landschaftsbehörde abzustimmen. Erfreulicherweise ergab sich zu keinem Zeitpunkt ein Zielkonflikt. Es war gelungen, beiden Betrachtungsweisen in vollem Umfange Rechnung zu tragen, was schließlich auch dem Ziel eines Landschaftsparkes entspricht.

Zunächst ging es darum, Luft und Licht in den Park zu bringen und die alten Bäume von störendem Wildwuchs zu befreien. Hierfür waren umfangreiche Auslichtungen erforderlich. Anschließend mußten die Räume und Sichtbezüge wieder geöffnet bzw. hergestellt werden.

Umfangreiche Pflanzungen von Bäumen und Sträuchern wurden in den Folgejahren erforderlich. Aufgrund schwerer Verwüstungen, die eine Windhose innerhalb eines Orkans Ende Oktober 1984 auslöste, mußten einige Teile sogar neu gestaltet werden.

Die Idee des Landschaftsparkes zielt darauf, im Betrachter Stimmungen und Stimmungsbilder durch eine wechselnde, aber harmonische Abfolge möglichst naturnaher Situationen zu wecken. Diesem Ziele dienen gleichermaßen Bäume, Sträucher, Stauden, Gräser und Pilze, aber auch die Vielzahl der Insekten und Vögel und schließlich die unterschiedlichen Weisen, in denen das Licht einfällt. Nur eine Komposition aus allen Elementen kann die erwünschte Stimmung charakteristischer Natursituationen hervorrufen. Ein richtig verstandener Landschaftspark ist also *per se* ein ausgezeichnetes, weil vielfältiges Biotop. Hierzu gehört auch das Werden und Vergehen, und zwar nicht nur in der Abfolge der Jahreszeiten, sondern auch im Wachsen und Sterben und vor allem im Umsetzen des Gestorbenen in neues Leben. Deshalb lassen wir nicht nur Laub, sondern auch Holz liegen und fällen tote Bäume nur dann, wenn es aus Gründen der Verkehrssicherung geboten ist. Geschnittener Rasen gehört nicht in einen Landschaftspark. Nur Wildwiesen und die Mannigfaltigkeit der Staudenflora in den halbschattigen Bereichen vermitteln uns ein Bild vom Reichtum der Natur.

Die konsequente Beachtung dieser Grundsätze hat dazu geführt, daß sich ein biologisches Gleichgewicht eingestellt hat, so daß weder Düngung noch Schädlingsbekämpfung erforderlich sind, obwohl alle Arten von tierischen und pilzlichen Schädlingen auftreten.

Im Jahre 1986, als die Restaurierung des Parkes als Gartendenkmal und Biotop im wesentlichen abgeschlossen war, machte uns Marko Pogačnik darauf aufmerksam, daß dem Park – in Verbindung mit der Schloßkapelle – eine besondere Qualität zukomme, da er auf einem sogenannten Ort der Kraft angelegt sei.

»Orte der Kraft« sind Plätze, an denen sogenannte feinstoffliche Energien terrestrischer und kosmischer Herkunft miteinander in Resonanz treten. »Feinstoffliche Energien« sind jene Kräfte, die den Energien der physisch-materiellen Dimension übergeordnet sind, wie beispielsweise die Lebensenergie, die Kraft des Lebendigen also.

Auf den »Orten der Kraft« haben frühere Epochen und Kulturen ihre Sakralbauten errichtet. Ägyptische und mexikanische Pyramiden, asiatische Tempel, indianische und keltische Kultstätten, romanische Klöster und gotische Kathedralen stehen auf solchen Orten. Zu den bedeutendsten Orten in Europa zählen die Kathedrale von Chartres, der Mont St. Michel, Stonehenge, Santiago di Compostella, die Klosteranlagen in den Pyrenäen und wahrscheinlich auch der Ort des Kölner Doms.

In der heutigen Zeit schwerster ökologischer Krise ist das Interesse an den »Orten der Kraft« wieder erwacht. Man wird sich erneut der Möglichkeiten bewußt, durch ihre Kraftsysteme ökologisch heilend auf Landschaften und Menschen sowie auf die Erde als Ganzes zu wirken.

»Orte der Kraft« haben für die Erde eine ähnliche Bedeutung wie die Chakren und sonstigen Akupunkturpunkte für den menschlichen Körper. Sie stellen die Verbindung zwischen dem materiell-physischen Körper und den höheren Dimensionen des Lebens her. Sie sind für das richtige Funktionieren der Lebensprozesse von ausschlaggebender Bedeutung.

Nach der Lehre der Akupunktur werden Krankheiten durch Blockaden jenes Systems der Lebensprozesse ausgelöst. Gleiches gilt auf dem Planeten Erde für die »Orte der Kraft«, deren Blockade (Störung) zu einem Vitalitätsverlust und damit zu einer Erkrankung des Ökosystems führt – mit entsprechenden Auswirkungen auf den Menschen als Teil dieses Ökosystems. Das Setzen einer Akupunkturnadel oder die Gabe eines homöopathischen Präparates haben den Zweck, die Blockaden aufzulösen, um eine Voraussetzung für das richtige Funktionieren der Lebensprozesse, d. h. für Gesundheit zu schaffen. Eine weitere Voraussetzung für Gesundheit liegt im seelisch-geistigen Bereich.

Um Gleiches in bezug auf die Erde zu erreichen, wurden »Orte der Kraft« seit Jahrtausenden einer besonderen Pflege unterzogen, etwa durch die Errichtung von Sakralbauten nach bestimmten architektonischen Gesetzmäßigkeiten.

Heute sind viele dieser Orte schwer gestört: Sie wieder »in Ordnung« zu bringen, ist für die Gesundung des Ökosystems von herausragender Bedeutung.

Dieser Aufgabe hat sich im Schloßpark Türnich in den letzten zweieinhalb Jahren der slowenische Künstler Marko Pogačnik gewidmet. Nach sorgfältiger Planung hat er die in diesem Buch beschriebenen Steinsetzungen in der Schloß- und Parkanlage vorgenommen. Die Steine entsprechen den Akupunkturnadeln, die darin eingemeißelten Symbole den seelisch-geistigen Prozessen. Beides ist Voraussetzung für die Gesundung. Letztlich werden die Blockaden sowohl beim Menschen als auch auf der Erde durch seelisch-geistige Prozesse geschaffen und sind folglich auch durch diese wieder aufzulösen.

Der Schloßpark Türnich ist ein hochkomplexes System, das mit der Schloßkapelle als dem eigentlichen Kraftzentrum auf das Engste verbunden ist und offensichtlich als Einheit konzipiert worden war. Dafür sprechen die energetischen Verbindungen ebenso wie die Symbolik und die numerologischen Bezüge. In die Restaurierung und Heilung des Ortes wurden daher der Park und die Kapelle gleichzeitig einbezogen.

Als Ergebnis kann derzeit folgendes festgestellt werden:

a) Die Vitalität als Biotop ist ausgezeichnet.

1. die Gesundheit der Bäume ist gut, selbst alte, kränkelnde Bäume (z. B. Schwarzkiefern, Blutbuchen, Eichen) haben sich regeneriert.
2. Der Befall durch Pilzkrankheiten (z. B. Platanenwelke, Rosenmehltau) ist stark zurückgegangen.
3. Es gibt mittlerweile 250 Arten von Wildkräutern und Wildstauden.
4. Die Anzahl der Pilzarten beläuft sich auf ca. 200.
5. Es brüten etwa 35 Vogelarten.
6. Wildstauden erreichen außergewöhnliche Höhen, z. B. Wasserdost und Weidenröschen 2 m.
7. Die Naturverjüngung hat stark zugenommen.
8. Die Wuchsleistung von Naturverjüngung – selbst nach Verpflanzung in andere Gärten – ist ungewöhnlich; bei Ahorn beispielsweise zwischen 1 m und 1,50 m pro Jahr.

b) Das Verhalten der Parkbesucher hat sich grundlegend gewandelt. Während früher ein erheblicher Vandalismus zu beobachten war, hat dieser seit Mai 1987, also seit zwei Jahren völlig aufgehört. Agressionen treten dort auf, wo Disharmonien herrschen. Durch die Wiederherstellung von Harmonie, und zwar einer kraftvollen Harmonie, ist kein Raum für Agressionen. So hören wir immer wieder von Menschen, die den Park wegen seiner harmonisierenden und kräftigenden, d. h. letztlich heilenden Wirkung aufsuchen.

»Orte der Kraft« sind über die ganze Erde verteilt und durch feinstoffliche Energielinien untereinander verbunden. Sie haben daher überregionale Bedeutung für die Lebensprozesse der Erde. Schloßpark und Schloßkapelle Türnich liegen an einem wichtigen Kreuzungspunkt dieses Systems. Je mehr unser Ökosystem in die Krise gerät, umso wichtiger ist es, wieder ein Gespür für diese grundlegenden Lebensprozesse zu entwickeln und mit solchen Orten in einer Weise umzugehen, die ihrer eigentlichen Funktion angemessen ist.
Dies war und ist das Ziel der Arbeiten in Türnich. Hierfür danke ich allen Beteiligten von ganzem Herzen. Sie sind in diesem Buch aufgeführt. In besonderer Weise danke ich Marko Pogačnik, der uns wieder gelehrt hat, das Leben auch hinter den Erscheinungen zu erspüren.

Schloß Türnich, den 27. 04. 1989   Godehard Graf von und zu Hoensbroech

Literatur

Bloom, William: Meditation in the Changing Times. Glastonbury 1987

Carey, Ken: Terra Christa. The global spiritual awakening, Kansas 1985

Heim, Burkhardt: Lebensprozesse und Hyperraum, Gedanken zum Elementarprozeß des Lebens, in: Naturwissenschaft und Lebensenergie. Broschüre zum Kongreß ECOLOG'88, herausgegeben vom Umweltzentrum für ökologische Strukturforschung, Schloß Türnich 1988

Pogačnik, Marko / Bloom, William: Leylines and Ecology. An Introduction. Glastonbury 1985

Underwood, Guy: Patterns of the Past. London 1971

Weaver, Herbert: Divining the primary sense. Unfamiliar radiation in nature, art and science. London 1978

Weitere Bücher des Autors:

Art around Novi Pazar. Novi Pazar 1983

The Sacred Landscape of Istria. Koper 1985

Percorso segreto attraverso Venezia. Carucci Editore, Rom 1986 (Eine englische Ausgabe erschien unter dem Titel »A Hidden Pathway Through Venice« im gleichen Verlag.)

Ljubljanski Trikotnik (Ljubljana Dreieck; slowen.), Ljubljana 1988

Führungen und Seminare auf Schloß Türnich

Ab Oktober 1989 leitet Marko Pogačnik in regelmäßigen Abständen Führungen durch Park und Kapelle und veranstaltet Seminare für interessierte Laien.
Auskünfte erteilt das
Umweltzentrum für ökologische Strukturforschung Schloß Türnich
Postfach 4108
5014 Kerpen-Türnich
Telefon: 02237/7501

Marko Pogačnik, geboren 1944 in Kranj/Jugoslawien, studierte Bildhauerei an der Akademie in Ljubljana. 1965–70 tätig als Mitglied der Gruppe OHO in Konzeptkunst und Land-Art mit Ausstellungen u. a. im Aktionsraum München, zur Bienale in Paris und im Museum of Modern Art in New York.

1971 gründete er mit seiner Familie und Freunden nördlich von Triest eine Gemeinschaft, um die Kunst mit dem täglichen Leben und der Landwirtschaft zu verbinden.

Ab 1979 Projekte zur Heilung der Erde durch Steinsetzungen, u. a. Harmonisierung eines Schlachtfeldes aus dem 2. Weltkrieg bei Düren, gemeinsam mit seiner Frau Marika. Zur Zeit arbeitet er an einer weiteren Parkheilung auf Schloß Cappenberg bei Dortmund.

Marko Pogačnik leitet Workshops in Ljubljana, Türnich und London.